我思

敢于运用你的理智

经典维新丛书，将以不同的视角来重新整理出版近代以来的经典学术论著，其出版思路可分为：

一、展现某学术著作的思想史或批评史，如胡适《说儒》第二部分“说儒前史”，熊十力《新唯识论（批评本）》；

二、梳理某种观念或学说的历史际遇，如《国学到底是什么》《阳明心学得失论》；

三、挖掘被当代学术界忽视的学术论著，如《汤用彤讲西方哲学》、马一浮《法数钩玄》；

四、选编反映某学术大家思想特质的文集，如《太虚讲国学哲学》《王国维哲学论著集》。

经典维新

经典维新

王国维哲学论著集

王国维 著

长江出版传媒 | 崇文書局

图书在版编目（CIP）数据

王国维哲学论著集 / 王国维著．
-- 武汉：崇文书局，2020.8
（经典维新）
ISBN 978-7-5403-5993-5

Ⅰ．①王…
Ⅱ．①王…
Ⅲ．①王国维（1877-1927）－哲学思想－文集②西方哲学－翻译－文集
Ⅳ．①B259.95-53②B5-53

中国版本图书馆 CIP 数据核字（2020）第 110524 号

我思

敢于运用你的理智

王国维哲学论著集

出　　品　崇文书局人文学术出版中心
策 划 人　吴海明（408249263@qq.com）
责任编辑　吴海明
装帧设计　杨　艳
出版发行　长江出版传媒 | 崇文書局
地　　址　武汉市雄楚大街 268 号 C 座 11 层
电　　话　(027)87680797　邮政编码　430070
印　　刷　武汉中科兴业印务有限公司
开　　本　880mm×1230mm　1/32
印　　张　8
字　　数　164 千字
版　　次　2020 年 8 月第 1 版
印　　次　2020 年 8 月第 1 次印刷
定　　价　38.00 元

（读者服务电话：027－87679738）

目　录

哲学概论

哲学辨惑

甚矣，名之不可以不正也！观去岁南皮尚书之《陈学务摺》，及管学大臣张尚书之复奏摺：一虞哲学之有流弊，一以名学易哲学。于是海内之士颇有以哲学为诟病者。夫哲学者，犹中国所谓理学云尔。艾儒略《西学发凡》有“费禄琐非亚”之语，而未译其义。“哲学”之语实自日本始，日本称自然科学曰“理学”，故不译“费禄琐非亚”曰理学，而译曰“哲学”。我国人士骇于其名，而不察其实，遂以哲学为诟病，则名之不正之过也。今辨其惑如下：

一、哲学非有害之学。今之诟病哲学者，岂不曰自由平等民权之说由哲学出，今弃绝哲学，则此等邪说可以熄乎？夫此等说之当否，姑置不论。夫哲学中亦非无如此之说，然此等思想于哲学中不占重要之位置。霍布士之绝对国权论，与福禄特尔［按，伏尔泰］、卢骚之绝对民权论，皆为哲学说之一。今以福禄特尔、卢骚之故而废哲学，何不一思霍布士之说乎？且古之时有倡言民权者矣，孟子是也。今若举天下之言民权，而归罪于孟子，废《孟子》而不立诸学官，斯亦过矣！欲废哲学者何以异于是！且今之言自由平等、言革命者，果皆自哲学上之研究出欤？抑但习闻他人之说而称道之欤？夫周秦与宋代，中国哲学最盛之时也，而君主之威权不因之而稍替。明祖之兴，而李自成、洪秀全之乱，宁皆有哲学家说以鼓舞之欤？故不研究哲学则已，苟研究哲学则必博稽众说而唯真理之是从。其视今日浅薄之革命家，方鄙弃之不暇，而又奚惑焉！则竟以此归狱于哲学者，非也。且自由平等说非哲学之原理，乃法学、政治学之原理也。今不以此等说废法学、政治学，何独至于哲学而废之？此余所不解者一也。

二、哲学非无益之学。于是说者曰：哲学即令无害，决非有益，非叩虚课寂之谈，即鹜广志荒之论。此说不独我国为然，虽东西洋亦有之。夫彼所谓无益者，岂不以哲学之于人生日用之生活无关系乎？夫但就人生日用之生活言，则岂徒哲学为无益，物理学、化学、博物学，凡所谓纯粹科学，皆与吾人日用之生活无丝毫之关系。其有实用于人者，不过医、工、农等学而已。然人之所以为人者，岂徒饮食男女，芸芸以生，厌厌以死云尔哉？饮食男女，人与禽兽之所同，其所以异于禽兽者，则岂不以理性乎哉？宇宙之变化，人事之错综，日夜相迫于前，而要求吾人之解释，不得其解，则心不宁。叔本华谓人为形而上学之动物，洵不诬也。哲学实对此要求，而与吾人以解释。夫有益于身者与有益于心者之孰轩孰轾，固未易论定者。巴尔善[按，泡尔生]曰："人心一日存，则哲学一日不亡。"使说者而非人，则已；说者而为人，则已于冥冥之中认哲学之必要，而犹必诋之为无用，此其不可解者二也。

三、中国现时研究哲学之必要。尤可异者，则我国上下日日言教育，而不喜言哲学。夫既言教育，则不得不言教育学，教育学者实不过心理学、伦理学、美学之应用。心理学之为自然科学而与哲学分离，仅曩日之事耳；若伦理学与美学则尚俨然为哲学中之二大部。今夫人之心意，有知力，有意志，有感情，此三者之理想，曰真、曰善、曰美。哲学实综合此三者而论其原理者也。教育之宗旨亦不外造就真善美之人物，故谓教育学上之理想即哲学上之理想，无不可也。试读西洋之哲学史、教育学史，哲学者而非教育学者有之矣，未有教育学者而不通哲学者也。不通哲学而言教育，与不通物理、化学而言工学，不通生理学、解剖学而言医学，何以异？今日日言教育，言伦理，而独欲废哲学，此其不可解者三也。

四、哲学为中国固有之学。今之欲废哲学者，实坐不知哲学为中国固有之学故。今姑舍诸子不论，独就六经与宋儒之说言之。夫六经与宋儒之说，非著于功令而当时所奉为正学者乎？周子《太极》之说，张子《正蒙》之论，邵子之《皇极经世》，皆深入哲学之问题。此岂独宋儒之说为然，六经亦有之。《易》之“太极”，《书》之“降衷”，《礼》之“中庸”，自说者言之，谓之非虚非寂，得乎？今欲废哲学，则六经及宋学皆在所当废，此其所不解者四也。

五、研究西洋哲学之必要。于是，说者曰：哲学既为中国所固有，则研究中国之哲学足矣，奚以西洋哲学为？此又不然。余非谓西洋哲学之必胜于中国，然吾国古书大率繁散而无纪，残缺而不完，虽有真理，不易寻绎，以视西洋哲学之系统灿然、步伐严整者，其形式上之孰优孰劣，固自不可掩也。且今之言教育学者，将用《论语》《学记》作课本乎，抑将博采西洋之教育学以充之也？于教育学然，于哲学何独不然？且欲通中国哲学，又非通西洋之哲学不易明也。近世中国哲学之不振，其原因虽繁，然古书之难解，未始非其一端也。苟通西洋之哲学以治吾中国之哲学，则其所得当不止此。异日昌大吾国固有之哲学者，必在深通西洋哲学之人，无疑也。今欲治中国哲学，而废西洋哲学，其不可解者五也。

余非欲使人人为哲学家，又非欲使人人研究哲学，但专门教育中，哲学一科必与诸学科并立，而欲养成教育家，则此科尤为要。吾国人士所以诟病哲学者，实坐不知哲学之性质之故，苟易其名曰“理学”，则庶可以息此争论哉！庶可以息此争论哉！

1903年7月《教育世界》55号

论哲学家与美术家之天职

天下有最神圣、最尊贵而无与于当世之用者，哲学与美术是已。天下之人嚣然谓之曰“无用”，无损于哲学、美术之价值也。至为此学者自忘其神圣之位置，而求以合当世之用，于是二者之价值失。夫哲学与美术之所志者，真理也。真理者，天下万世之真理，而非一时之真理也。其有发明此真理（哲学家），或以记号表之（美术）者，天下万世之功绩，而非一时之功绩也。唯其为天下万世之真理，故不能尽与一时一国之利益合；且有时不能相容，此即其神圣之所存也。

且夫世之所谓有用者，孰有过于政治家及实业家者乎？世人喜言功用，吾姑以其功用言之。夫人之所以异于禽兽者，岂不以其有纯粹之知识与微妙之感情哉？至于生活之欲，人与禽兽无以或异。后者政治家及实业家之所供给，前者之慰藉满足非求诸哲学及美术不可。就其所贡献于人之事业言之，其性质之贵贱，固以殊矣。至就其功效之所及言之，则哲学家与美术家之事业，虽千载以下，四海以外，苟其所发明之真理，与其所表之之记号之尚存，则人类之知识感情由此而得其满足慰藉者，曾无以异于昔。而政治家及实业家之事业，其及于五世十世者希矣，此又久暂之别也。然则人而无所贡献于哲学、美术，斯亦已耳，苟为真正之哲学家、美术家，又何慊乎政治家哉?

披我中国之哲学史，凡哲学家无不欲兼为政治家者，斯可异已！孔子大政治家也，墨子大政治家也，孟、荀二子皆抱政治上之大志者也；汉之贾、董，宋之张、程、朱、陆，明之罗、王，无不然。岂独哲学家而已，诗人亦然。“自谓颇腾达，立登要路津。致君尧舜上，再使风俗淳。”非杜子美之抱负乎？“胡不上书自荐达，坐令四海如虞唐。”非韩退之之忠告乎？“寂寞已甘千古笑，驰驱犹望两河平。”非陆务观之悲愤乎？如此者，世谓之大诗人矣！至诗人之无此抱负者，与夫小说、戏曲、图画、音乐诸家，皆以侏儒倡优自处，世亦以侏儒倡优畜之。所谓“诗外尚有事在”“一命为文人，便无足观”，我国人之金科玉律也。呜呼！美术之无独立之价值也久矣。此无怪历代诗人，多托于忠君爱国劝善惩恶之意，以自解免，而纯粹美术上之著述，往往受世之迫害而无人为之昭雪者也。此亦我国哲学美术不发达之一原因也。

夫然，故我国无纯粹之哲学，其最完备者，唯道德哲学与政治哲学耳。至于周、秦、两宋间之形而上学，不过欲固道德哲学之根柢，其对形而上学非有固有之兴味也。其于形而上学且然，况乎美学、名学、知识论等冷淡不急之问题哉！更转而观诗歌之方面，则咏史、怀古、感事、赠人之题目弥满充塞于诗界，而抒情叙事之作什佰不能得一。其有美术上之价值者，仅其写自然之美之一方面耳。甚至戏曲小说之纯文学亦往往以惩劝为旨，其有纯粹美术上之目的者，世非惟不知贵，且加贬焉。于哲学则如彼，于美术则如此，岂独世人不具眼之罪哉，抑亦哲学家美术家自忘其神圣之位置与独立之价值，而葸然以听命于众故也。

至我国哲学家及诗人所以多政治上之抱负者，抑又有说。夫势力之欲，人之所生而即具者，圣贤豪杰之所不能免也。而知力愈优者，其势力之欲也愈盛。人之对哲学及美术而有兴味者，必其知力之优者也，故其势力之欲亦准之。今纯粹之哲学与纯粹之美术既不能得势力于我国之思想界矣，则彼等势力之欲，不于政治，将于何求其满足之地乎？且政治上之势力，有形的也，及身的也；而哲学美术上之势力，无形的也，身后的也。故非旷世之豪杰，鲜有不为一时之势力所诱惑者矣。虽然，无亦其对哲学美术之趣味有未深，而于其价值有未自觉者乎？今夫人积年月之研究，而一旦豁然悟宇宙人生之真理，或以胸中惝恍不可捉摸之意境一旦表诸文字、绘画、雕刻之上，此固彼天赋之能力之发展，而此时之快乐，决非南面王之所能易者也。且此宇宙人生而尚如故，则其所发明所表示之宇宙人生之真理之势力与价值，必仍如故。之二者，所以酬哲学家、美术家者，固已多矣。若夫忘哲学、美术之神圣，而以为道德、政治之手段者，正使其著作无价值者也。愿今后之哲学美术家，毋忘其天职，而失其独立之位置，则幸矣！

1904年《教育世界》99号

述近世教育思想与哲学之关系

古来学者多欲就自然人类及社会等疑问而解决之，如人所以为人之价值存于何点乎？人何为而生斯世乎？心与物体之关系如何乎？人何由而得认识外界乎？又真伪之判决于何求之乎？凡此之类皆是也。而由此等疑问，遂生所以教人之目的、方法之疑问。此乃势所必至，谓后者之解决，专待诸前者之解决可也。

然吾人之于自然于人类，其未能明了者尚复不少。往往有一代所信为正确者，至他时代复以为虚伪而舍之。殊如理想上之问题，乃随吾人之进步而变迁无穷者，决不能见最后之决定。此哲学上之研究所以终无穷期，而教育思想之所以不能固定也。人或以无确实不动之教育说，引为慨叹。虽然，亦奚足慨叹哉！教育不能离历史的条件。人类之发展促教育之进步，而教育之进步又助人类之发展。二者循环相俟，而无限发达，此理之固然耳。以下约略述之，以见近世教育变迁之次第，无不本于哲学的思想之影响者。

在近代之教育界，其初虽以模仿古人言文，为教授上最要之练习，然尚实主义起而反对之，一以实事实物之知识为贵，遂于十七八世纪之教育界大擅势力。此倾向之起原，固由于时势之变化，然柏庚［按，培根］之经验主义，实亦大与有力也。柏庚对眩惑上古文学之徒，以现在三字警告之，大声疾呼曰：汝勿盲信传来之说，而躬就自然研究之。向来之科学，不使自然发言，特以任意构成之观念加诸自然界，而由之以成虚伪之思想。不观于旧来之论理乎？其推测式由命题而成，其命题由言词而成，而言词则概念之符牒也。然若此根据之概念，出自任意构成，而并不正确，则筑于此基础上者，何以保其坚实乎？故吾人一线之希望，在真正之归纳法。惟由此法，而后可得正当之概念耳。此法由感觉的知觉，由具体物，而抽出定理，且由渐近完全之进步，而达于最普遍之域。向来就自然界之思考，不过预定云耳。然以事实为基础，而成立于正确之次序之结论，则可视为自然界之说明焉。是故无根据而预定之之虚伪的概念，必一扫而空之，使吾人之悟性得全脱其束缚。柏庚又谓虚伪的概念之所由生，有四端焉。一、欲以己之感觉为准，己之性质为基，而考察事物之一般倾向。二、由气质、教育、习惯等而出之个人特性。三、人于日常交际，以言词表事物，后则竟忘原物，而惟保持其符号。四、传来之种种独断说，犹存于哲学系统及虚伪的论理故也。反而言之，则构成正当概念之道非他，心常止于物之本身，而受纳其形象，如在其真。且也，不依赖教权，而尽舍得自传授之意见，一以无垢无邪之心，考察世界是已。居今之日，物质界天体界既扩张无量矣，而于知识界，犹限于古代之狭区域，人类之辱也。故必以立于观察及实行上之经验，为研究之唯一方法。又曰：人为自然之从属者，又为其说明者，其所能知、所能行，限于能由观察与思索以知之者耳。人之知识技能决不能超越之。夫知识者，力也。原因之不能认知者，则不能见结果。自然者，惟由顺从而后得征服之耳。要之，尚实重理之倾向，独立的研究及多方的知识之要求，于柏庚著作中往往见之。在教育界，直接受柏庚之影响者，廓美纽司［按，夸美纽斯］也。廓氏虽有强固之宗教的倾向，然以为人性非腐败，而具有知德及信仰之种子者，欲发展之，俾得登天国。此其准备，可求之于现在世。氏以为教人之法，首在观察自然界，而从其化育万物之法则。如曰：自然以春季为动植生育之时期，故一生之教授始于幼，一日之教授始于晨；自然先实而后形，故教授亦体之，必先认识而后记忆；自然以普遍为基础，而后进于特殊，故必定学术之一般的基础，而后移于特殊之教授；自然必有次序，故教授亦不可躐等而进；自然必有根底，故教授不当求知识于书籍，而当求之于实物云云是也。

实学之倾向，于十七世纪之教育界，其势力既渐强，于是持宗教主义者，不但不能防止之，又自服从之。观于佛兰楷之学校，多授实科，以练习实用的技能，及其后信念派之创立实科学校，可以证也。但此种新倾向，非仅受柏庚一人之影响，亦由物理、天文、地理上之新研究，促人生观世界观之变化，有以致之。其在法国，则拉普烈既谓教授者以得自实地观察之知识为必要，又如孟德尼［按，蒙泰涅］、夏尔伦，亦力斥注入知识徒劳记忆之教授法。故教育及教授界，既机轴一新，特经柏庚、廓美纽司之鼓吹，而其势力更隆盛尔。至于重理贵法之倾向，所由发达，则吾人不得不归之特嘉尔德［按，笛卡尔］。

法国学术界之怀疑的精神，于孟德尼、夏尔伦既表见之，至特嘉尔德而尤著。孟德尼以为一切科学，有不能利于人生行为者，宜排斥之。吾人非为科学而学科学也，为欲完理性、正思想而利用之也。脑之善锻炼者，优于脑之充满者远矣。夏尔伦亦谓博学之与知能，不但相异，且不相容。富于智者无学，长于学者无智。人之价值，不在记忆丰富，知识赅博也。知自己，从自然，能保持一身之自由，而于道德上发见真正之满足，有此智能，则价值存焉矣。导儿童者宜善诱其好奇心，常活动其耳目作用，以为培养心力之用。且勿仅由依赖之情及敬慕之意，不择何事，而盲信之。必凭一已之理性，以探究一切事物，而自选择之。不能选择，则以使之怀疑为得。要之，谓疑惑宁优于盲信是也。特嘉尔德之说，与是略同，谓向之所信者，宜尽疑之，且凡为疑之对象者，宜尽除之。曰感觉屡欺人，故吾人不得倍赖之，即理性，吾人亦不能以无条件而信用之也。何则？难保其不陷谬误也。醒觉时之思考与梦寐中之思考，其区别果何在？以前者为正确，其理由究何在乎？从氏之说，则使向之所信为确定者，悉退而立于不确定之地位。然特氏又谓此不确定者之中，却有一确实不可动者，即怀疑益深，则此怀疑之我之存在，益不得不确实。疑也者，不外思考之一形式。故可曰："我以思考故而存在也。"是吾人以单简之直觉，于疑问自身所得之真理也。我虽疑一切，然其思考之不止，明甚；思考若止，则纵令其他一切存在而我之存在与否，未可信矣。故当知吾人之本体，在思考之上。自我确实，则为一切认识之根据。吾人所明确认知，恰如我身之存在之事，斯可谓之为真耳。氏从此根本思想，而于方法论中，谓知觉理解之力，人皆同等，其所以区别之原因，则由养成之法不同。又谓人各有自由思考之权利，人之所信者即其所自决者，故学习上最宜重个人之自由。至方法上之规定有四：一曰，明确之法则，即明确认知者外，不可采以为真是也。二曰，分解之法则，即处置难事时，剖大为小，逐次分之，至分无可分而已是也。三曰，总合之法则，即从由简渐繁之次序，以导思考之绪是也。四曰，包括之检查，即广而计之，期于确无遗漏是也。由是观之，特氏于排盲信而贵自思之一点，与柏庚同，又于重实事实物之知识，亦略与柏氏近。惟特氏不置重实质的知识之自身，则与柏庚迥异。氏盖以实质的知识，为增进心力之手段，以使人能达于自求真理之域，为其主要之目的。教育论者之置重形式的陶冶，即此义也。

卜尔罗怀尔之学风及教育，明由特嘉尔德之思想而出。此派一反蔼瑞脱派教会偏重古语之弊，而本由既知及未知之原则，取普通经验上之事实为题，先以国语讲谈之，以国文记述之，而后使之学拉丁语，期养成其恰当之判断力。又其使之学古语也，其旨归不在偏于形式，而专以模仿为事，特欲从古学者之例，善能发表其正确之判断与适切之思想而已。如弗理约利、斐奈伦、罗尔兰之徒，皆从特嘉尔德之思想者。弗理约利曰：在文艺复兴时代，有委其一身以学习希腊拉丁语，至仅为言语故而泛览一切学子之书者，斯诚可谓奇人矣。若辈以为欲利用古学者，在谙诵古人文字，如其所言而言之，是实误甚。古之人择适切彼等之事实，而以正确愉快之方法，善表之于言语。吾人亦当择适切吾人之事实。如古人之法，而以吾人之言语叙述之，此即善学古人者也。弗理约利此言，实足表示新人文主义之根本思想。故特嘉尔德之思想不但助成近世之实学的合理的倾向，即谓人文主义亦由是而得改造之根据可也。

方法之过重，此新教育家之一般倾向也。拉德楷既谓各种言语，当以同一之方法处理之，廓美纽司亦谓一切科学及言语，当以同一之方法教授之，至欲编定教科书，使教者奉为定范。今谓此倾向之增进，亦承特嘉尔德之思想而来，非臆说也。至是，论者竟以为不问教师优劣，但同用一书籍、同一方法，即可同获成效。如贝斯达禄奇［按，裴斯泰洛齐］，谓良善之教法，惟一而已，简易其教法，则凡为母者皆可以教其子云云，即此义也。要之，轻视教师之人格技能与生徒之个性，而循严密之方法而进，则不问养成何等生徒，皆可如愿以偿。此合理主义之教育家所均谓然也。

以感觉为高尚之心的发展之基础，更说实地的观察、感觉的经验之必要，且稍加以功利思想者，洛克也。洛克否认天赋的观念之存在，以一切知识为获得者。虽人人所一致认定者，然非自始而存于精神。又即矛盾法、相同法等，为论理上之根本定理，然人非自始而有之，观于儿童及无意识者之绝无意识，可以知也。个人及国民间，其道德心、宗教心不相一致，然则有何理由可信为先天的存在者乎？要之，人心之初，如一幅洁白之纸，其有观念及其思考之材料，惟由对外界事物及内界活动之观察而得之。故人知之根源非他，一则感觉，一则内省。由是以得单独之观念，及其合之也，而后全体思考及知识系统，乃以成立。此与结合字母而组织为言语，无以异也。洛克本此思想，而述教育上之注意，曰：满足儿童之求知心，此最必要。人惟有此心故，而后能知世界。故吾人对幼者之发问，宜本亲切之情，与以正确之答。又必语以他人求知之法，以刺激之。又曰：凡学习，不宜以之为课业，而宜以为名誉、娱乐、休养上之事，俾为对他活动之赏励。如此，则儿童欲自进而受教矣。游戏之际，以使之多学自然为善，如刻字母于骰，俾幼儿弄之，则自然记忆字母，兼知拼法是也。至见读书力之发生，则与以简易而有味之书籍，又务择其有插画者。物之观念，由实物或其写象而得之，非由言词而得之也。洛克于言语教授，谓宜以国语为先，至外国语，则宜先法语而后拉丁语。又谓言语教授上，须注意其内容之价值，既养其言语之能力，兼畀以科学之知识。如就无益之知识技能，而徒劳记忆者，不可也。是故彼谓图画一事，当由实用的见地而练习之。又以诗歌音乐为无用，曰：诗歌与放荡同行，苟不欲其儿放荡者，决不可使之为诗人。若夫欲就音乐而得普通之技能，则不独多耗实力，又其练习之上，有导儿童于恶社会之危险。要之，吾人之生活也甚短，事物之获得也甚难，而吾人之精神又非能永劳无间者，故不可不节其时与力，以向最有益之事物，而于最捷最易之道，以求得之也。

卢骚之教育思想，其由洛克而出，明甚。彼于《爱弥耳》

中，首重实物之知识，以先学其符号为不可，曰：必使于十二岁前，不知书籍为何物，而惟就自然之书籍读之。夫然，故卢氏亦重感觉之练习，曰：一切能力，其发生最早且成育最先者，感觉也。故不可不及早完成之，仅练习儿童之活力者，未为足也。宜利用各感觉，使由一感觉而得之印象，更由他感觉以试验之、测算之、比较之。吾人认识之广延，关于观念之数，其悟性之正确，则以观念之纯粹且明了也。比较观念之技能，称之曰理性。感觉的理性，乃由种种感觉之相合，而构成简单的观念者。而真正之理性，则由许多之简单的观念，构成复合观念者。欲后者之发达，则不可不先求前者之进步。又曰：儿童自其身之四周，而得感觉的印象，须育成之，俾至于为观念。然由感觉的事物，突然而移于悟性的事项，则不可。知力最初之活动，在感觉指导之下，故舍世界外无书籍，舍事实外无教授也。儿童不可仅习言语，其知某事之为何事者，非由汝以之语彼，而彼之自了解之也。不可使彼学习科学，而宜使彼发见之。若汝不与彼以根据，但使之由威权而生信仰，则彼既不能自思，终为他人思想之玩弄物而已。

洛克、卢骚之思想，经泛爱派之手，而感动于德国教育界。至由此思想，而有何种倾向之发生，以下试陈述之。

感觉主义也（以感觉经验为重），合理主义也（以自由之思考、独立之判断为重），自然主义也（排斥人工的方法，循自然之进路），此三者至十八世纪，令德意志之精神界为之大动，而“哲学时代”或“启蒙时代”之名生焉。伏尔夫［按，沃尔夫］，其最初之代表者也。伏氏以自然之法则有神圣之起原，且由吾人之理性而始得发见、始得理会者也。凡事实中，有难构成明了的概念者，勿就而论之。苟无证明，则何事亦不可信。惟有永远的一般的价值者，乃有纯粹、真实、健全之质。其他一切，旨无价值而不必要也。彼又谓宗教之为宗教，必于理性上无矛盾点。不问何时何处，皆可认为真实；又不问何人，皆得而信仰之者。彼以理性为知识及生活一切范围之最高判决者，又最高主宰者云。此种思想，在当时之宗教界大招非议。各大学于伏氏哲学，皆痛斥之，旋逐氏出普国境。及弗礼特力大王即位，始召还，仍为大学教授。于是启蒙的倾向之胜利，乃由之确实矣。

启蒙时代之第一特点，在力戒盲信盲从，而务于一切范围内，以求赅括一般之理论。其于教育界也，则有芝拉普氏，著《教育学试成》，以期一般的教育理论之成立。彼谓独立之考察及良心之自由，最有势力。若不待证明，而遽采传来之意见与信仰判断者，则偏见以生，而心镜为之晦矣。泛爱派之教育，盖皆由此思想而出也。又启蒙时代之第二特点，在个人主义。即对寺院、社会、国家之制限及区别，而维持个人之权利。以国家诸制度，为束缚个人者。是故启蒙时代，自然倾于世界主义。又由个人的倾向之关系，遂生自己保存及自己幸福之希望，曰：世界之存，为吾人之生存与幸福故，凡足助利益之增进者，即其为道义的者也。是故泛爱派之教育家，专以增进生徒之最大幸福，为教育之目的。排斥严酷之教法，而专以友爱之情，接近生徒。务令为学于愉快之中。又于卫生体育上，注意周密。为欲应实地生活之必要也，则置重近世语，教授实科，使练习实用的技能，以拓利用厚生之道焉。至置重感觉经验之意见，于启蒙时代亦甚著。如泛爱派即主张自然的教法者，谓宜从儿童自然发育之次序，以排列教材，由易及难，由近及远，且须预立一定之方案云。至于缺感觉之基础之概念，超出经验之世界之理想，为美术之本体之理想界，则彼等轻视之。以为人之天性皆能发展，而其发展之也，以善于培养故。教授学术者，须足以扩充其识见，丰富其记忆力，锐敏其判断力，若仅刺激其想像力，则危险矣。巴瑟德［按，巴西多］于其学校之宗教科，唯统括诸宗派一致之点而用之，名以自然的宗教。又谓构造的童话优于事实的谈话，而对诗歌文学美术则淡然视之。当时之倾向如何，从可知已。

泛爱派之意见，其接触于卢骚之思想者甚多。巴瑟德于其《初步教科书》，既多引《爱弥耳》之说矣，但竟谓泛爱派全自卢骚思想之结果而生，亦不可。班罗希论两者之关系曰：由卢骚之《爱弥耳》，而使十八世纪之德国教育界生伟大之事业。但人谓此书之价值，在其发表之理论，予谓不然。彼之理论，不足使永续的教育系统因之成立，于法国然，于德国亦然也。惟其时独断的宗教，既经德国哲学者加以激烈而巧妙之攻击，且于精神界，经伏尔夫、莱马克一辈之手，而宗教的宽容思想，既有所准备于前，此书适乘其后而出，所以大有价值也。要之，《爱弥耳》真正之效果，在以既存在既有力之见解，移向教育方面之一点耳。顾仅仅如此，未足促实地教育上之改良也。欲从合理的思想，而一反当代之所为，别立教育组织，必有富于计划之人，始能为功。其人必有胆力，敢辩护其改革的理论；有伎俩，能使君相士庶皆赞成其新奇之企图；又有确信，能实行其思想，而不至中途挫折。如巴瑟德，即其人也。

一时大擅势力之实学的合理的倾向，至十八世纪末，复渐减其势力，即于哲学界，于美术界，亦对之而生反动焉。向视为认识的能力之理性，今则加以限制，从理法而出之造作，今则加以轻视，而谓内部之有机的发展，自有可贵重者在。盖合理主义，专于有用无用之程度，计事物之价值。其所常致问者，曰：此于增进幸福之上，果有几何效力是也。彼等于国家、权利、科学、技术、哲学、宗教等，皆由此标准考察之。然新思想则异是，彼以事物自身之有价值者，为最高者，而不置利益于目中。因以为吾人之价值，非以其知其能故，亦非以其为人类之行为，而实际有所作为故，惟以其存在故耳。申言之，即以人之自身，本有目的，故贵重之也。而使人于其自身，所以得有价值者，一以为在于道德，一以为在于人类的天性之发展。前者于汗德［按，康德］之严肃道德主义发表之，后者于新人文派之思想显示之。

汗德以为人常进步而不已，今日开化之人类，其在太古时代，生活与动物同。一切心的能力，今视为人类所固有者，实则经时渐获者耳。而如此发展，即吾人自身活动之结果，非出诸神秘也。人既有动物的禀性，兼有天赋的理性。由其发动，而人类价值之存在，始表现焉。氏又以为人之完成无限，故其发展无终局，个人自身虽不得遂完全之发展，然于人类的种族或于社会的团体，得进于改善之道。但人类进步之度已高，而个人之初生也，犹存粗野之状态，故人类有待于教育之力也。

以汗德为一教育论者观之，则彼力主教育势力之大，曰：生物中有以教育为必要者，惟人而已。人惟由教育而始得为人，故教育之事，宜时时谋其改善，必使时代各有进步，以谋人类之完成。又曰：教育之背后，有完全人性之秘密。设能由教育之助，使人性常善发展，至有适于人类之形式，则愉快为何如哉！望人类的种族之未来幸福者，以是为其筦钥矣。汗德既于一方面最重个人意志之自发的活动，又于他方面含有今日所谓社会的教育之思想，以为教育之目的有四：一、在调和人之动物性，以抑制其自然的粗野之倾向；二、在增进其才能，俾有足赴一切目的之能力；三、在培养其智识，俾能应时处世，而为自己之目的，使用他人；四、使知人为道德的，由是而达其最高之目的。最后一端，则汗德所最注重者也。从彼之伦理说，则道德云者，非由利益幸福等客观的标准，而当求之于意志之自身，曰：有能应种种目的之才能，未为已也，又必有选择善目的之意志。而所谓目的之善者，即既为各人所承认，又可为各人之目的者是也。

汗德于其哲学，由二方面以观人类，于其教育也亦同，即：一、以人为现象，为从自然之法则者；二、以其具一定能力即实地的理性，而以之为睿知的，为立于自然法则之上，而离脱自然的强迫者。人之预定理想，为实现其理想而活动，此当视为实地的理性之活动。人于此点，盖全在自由之状态者也。故氏之论教育之理也，区为“自然的教育”与“实地的教育”二面。于前者中，以人为从自然之法则者；于后者中，则以之为自由之本体。而氏于自然的教育一面，所述养护及训练上之注意，实采卢骚及泛爱派之思想。彼就心的能力中，以悟性、判断性、理性为最高尚者，而感觉、记忆、想象等能力，则为此高尚性之发展之补助。又以为吾人之心，一面为受动的本体，一面为自动的本体。而即以此哲学的心理的意见，适用于其教授论之上，曰：外物虽生种种感应，然附以整理之条件者，心之自动力为之也。其条件，乃心之先天的所有者，而种种表现由悟性而联关之之形式，亦吾人之先天的所有也。汗德由此思考，故惟承认教授之形式的价值，而以苏格拉底之教授法为最适当，曰：汝勿徒授知识，而当用意于所以开发之术。

汗德之视理性也，一以为理论的能力，一以为实地的能力。前者虽限于现象界，而后者则向他世界，而决定人之意志行动。官能的人类，由愉快或不快之情，而导之于动物的冲动与偏性等，因而倾于利己，使己与他生物不能相容。如斯状态，与本为理性的本体之人类之运命，至相冲突。故人于意志行动，必有一必然的且具普遍的价值之要素，以保持人类之一致。要素何？实地的理性是也。此理性，与官能的冲动反对，由无上之命令，使人排自爱及幸福之动机而纯然欲善。故吾人之意志，不由经验的事物决之，乃超越自然界之法则而脱离其制限者也。如是思想，虽使道德益进于尊严，然欲由是解决德育问题，则不免甚难。谓为道德之基础之意志，有超绝的自由之性，而不从经验之法则，不受外界之影响者，则品性果如何陶冶乎？所谓教育势力，能使道德的性格以次发展云云，不几成无意义之言乎？汗德屡以德育为至难解决之一问题，又谓人之改善，以其心情之突然变动，而生更新之状态故。由是观之，汗德实自觉其哲学的心理的思想之结果之困难者也。然氏于他方面，亦深信德育之可能，以为道德的陶冶，当使之从道德的规范而行。不从道德的规范而出之习惯，经年渐失。然道德的规范，足以规定其心性。若吾人之行为，从其所信为正当者而进，则是既有坚确之品性者也。故教育者，于教授道德的规范，最宜致力焉。

汗德谓当时之教育说，仅与人以实地上之忠告，为大不可，欲变机械的教育术为一科学，而以学术的研究之。故纵令彼之所论，与其哲学思想往往不免冲突，然于其心理的伦理的根据，则固能保持勿失也。况当汗德哲学风靡一世之秋，诸家之欲本其思想以组织教育学者，一时辈出。如尼爱摩尔、休怀尔兹其最著者也。即至现代，而新汗德派，尚不惟于哲学界伦理界见之，于教育界亦见之焉。

由合理的实利的倾向之反动，更进而见诗的倾向之勃兴。此倾向一以自由为主，置自然于法则以上，谓世界有不可以理解之者，且于其不可解之点有真可贵重者在。如威凯尔曼〔按，文克尔曼〕、兰馨〔按，莱辛〕以为美术非从法则而造作者，乃由内部而生育者。天才者出，自能以正确之步武，发见正道。如海尔台尔，就自由之人类的性质，说其尊严与美。又如格代〔按，歌德〕谓诗的造作，非由勤劳而得，亦非由理法而立。凡此皆是也。此时之人，于论国民的生活，亦谓为大国民者，非生活于勤劳及理法之中，美术之于人，虽无直接的必要，然实其生活上所必不可缺者也。此倾向与启蒙时代之关系，巴尔善论之最详。

巴尔善曰：启蒙时代与海尔台尔、格代时代，有根本的区别，称前者为机械的，则可称后者为有机的。在启蒙的精神，以合理的且机械的思考之，而其起原，则在数学的物理学。由格里辽［按，伽利略］、霍布士、特嘉尔德、斯披洛若［按，斯宾诺莎］而发之新萌芽，经洛克、拉依白尼志［按，莱布尼茨］、伏尔夫而发展，遂至见启蒙的精神之成立。以为人若视世界，为建筑家之工作，则是先由神明，案出实在，次则由其全能之意志，而使之成立者也。彼于历史的世界，亦以合理的机械的说明之，谓言语、宗教、法律、国家皆由悟性而案出者、造作者。即美术的制作，亦不外就目的及方面之合理的研究而已。而是时实地教授之状况，亦颇适应其理论。大学及高等学校有教授官，教人以作诗建筑绘画之法，举示其有用之材料及方便，且使生徒等，自为技术的练习焉。然至于次时代，则于一切范围皆舍此工作的思想而不顾矣。海尔台尔、格代与罗曼的克及推究哲学，皆谓从目的之制作，非真知实在之法式。彼为造作之原之自然及人心，有非工作家之计量之考察之且实行之者，所得而比拟焉。曰“有机的成立及生育”，曰“内部的开发”，此即所以观人类的历史界及神明之世界之法式。想象上真正之务作，非以人力为之者，由天才而受胎、而产出者也。若夫以工作的考察之、成就之者，则小细工之类耳……因判定事物价值上之变化，而理论上美术上之思想亦随之而变焉。至新时期，既不由必要上评量物之价值，谓作业不过为某目的之方便故，不足以决定人之价值，其决之者，吾人闲暇时之自由游戏也。此与雅里大德勒［按，亚里士多德］重闲暇之作业，命意相同。此时之人，于哲学、诗歌、技术、宗教，皆以使人心力自由活动之一点，视为心的生活之最高内容，即自身本有价值之内容，而谓此内容不能由利益以计之，亦不因之而生何等利益，故附加一属性焉，即谓最高者之本体，乃无用者是也……此时代，以为人类心的天性之十分发展，自有绝对的价值。吾人本体之完全的构成，于其美之精神认见之，而由质素之自然的风气，与智情意之最高尚最自由之陶冶，两相结合，而始得之者也。如是思想，尝于希腊时代一表现之。从希腊国民之人生观，则自由之人，非目的之方便也，非职业之奴隶也，不可为仪式及规约所束缚，亦不可为信仰之形式与修学之强迫所制限也。以我为自由之我，与世俗对立，而以存在内部之完全形象印于其生活及本体之上，是即真可谓为人者也。此等人物可于希腊伟人中求之，政治家之培里格烈斯、诗人之琐福克烈斯、哲学家之柏拉图，是皆受最高之陶冶而有自然的圆满性之人物也。由斯以观，则人道的陶冶，实即以希腊为模范焉耳。

此新思想，由兰馨、海尔台尔、格代、希尔列尔［按，席勒］、芬博德之徒，而鼓吹于时，于是“人道教育”一语遂为教育之理想矣。古语、诗歌、哲学、历史、地理，遂为一重要之学科矣。彼等谓上古世界（就中如希腊）实立人类心的发育之基础，而于其精确完熟之嗜好及使用言语之最美技能，足为永久之模范。故吾人之考察上及言语方法上，须仿此模范而构成之。于是视古代书籍为美学之真源，为永久之纪念矣。启蒙时代，以人为合理的生物，惟以时地之关系，而偶然相隔相分者。然新人文主义则反之，以一国民为一特殊之有机的本体，于其一切活动，可认见固有生活法之贯通。如言语、宗教、诗歌、风俗习惯及人生观，俱有国民的之特别倾向，故直以他国民之生活移植于本国者，有害也。故其所置重者，不徒在模仿古人。如霍禄邱士［按，贺拉斯］之歌而歌，如基开禄之言而言，不足以为名誉也。应现代之时势，从国民之思想，而以今世言语记述其事，使见之者以为基开禄辈复生，亦必如此，斯真足贵重矣！是故在此时代，其教上古文学技术也，欲发扬人道，而使人得人之理想也；其教历史也，为明人类开化之迹，使人知敬爱其所当敬爱者，与憎恶其所当憎恶者而已也；其教地理也，亦然，欲示地球与其国民之教化及风俗习惯，互有关系故也。

新人文派之思想，对彼启蒙的实利的之人生观，实为一有力之反动，而二者之争执，迄于今日，犹未已也。至人文的倾向之直接的效果，不亟及于中等以下之教育者，是以其性质为贵重之学科，故在所不免。当时之格母拿吉姆及大学，虽既从新倾向而决定教育之方针，然于普通国民之教育及教授上，犹未显见变化者，良有以也。然其后人道教育之精神，亦既以渐推广，不仅擅势力于社会之一隅。故于普通教育上，已有本是为理想者，如贝斯达禄奇，即是从此倾向而谋实地教育之改良者也。

以上所述，不过教育思想与哲学之关系之一端。至最近世，因哲学思想之发达，而其关系益复杂，有未易殚述者矣。

1906年7月《教育世界》128、129号

论近年之学术界

外界之势力之影响于学术，岂不大哉！自周之衰，文王、周公势力之瓦解也，国民之智力成熟于内，政治之纷乱乘之于外。上无统一之制度，下迫于社会之要求，于是诸子九流各创其学说，于道德政治文学上，灿然放万丈之光焰，此为中国思想之能动时代。

自汉以后，天下太平，武帝复以孔子之说统一之。其时新遭秦火，儒家唯以抱残守缺为事，其为诸子之学者，亦但守其师说，无创作之思想，学界稍稍停滞矣。

佛教之东，适值吾国思想凋敝之后，当此之时，学者见之，如饥者之得食，渴者之得饮。担簦访道者，接武于葱岭之道；翻经译论者，云集于南北之都。自六朝至于唐室，而佛陀之教极千古之盛矣。此为吾国思想受动之时代。然当是时，吾国固有之思想与印度之思想互相并行而不相化合，至宋儒出而一调和之，此又由受动之时代出而稍带能动之性质者也。自宋以后以至本朝，思想之停滞略同于两汉，至今日而第二之佛教又见告矣，西洋之思想是也。

今置宗教之方面勿论，但论西洋之学术。元时罗马教皇以希腊以来所谓七术（文法、修辞、名学、音乐、算术、几何学、天文学）遗世祖，然其书不传。至明末，而数学与历学，与基督教俱入中国，遂为国家所采用。然此等学术，皆形下之学，与我国思想上无丝毫之关系也。咸、同以来，上海、天津所译书，大率此类。唯近七八年前，侯官严氏（复）所译之赫胥黎《天演论》（赫氏原书名《进化论与伦理学》，译义不全）出，一新世人之耳目，比之佛典，其殆摄摩腾之《四十二章经》乎？嗣是以后，达尔文、斯宾塞之名，腾于众人之口；物竞天择之语，见于通俗之文。顾严氏所奉者，英吉利之功利论及进化论之哲学耳。其兴味之所存，不存于纯粹哲学，而存于哲学之各分科，如经济、社会等学，其所最好者也。故严氏之学风，非哲学的，而宁科学的也，此其所以不能感动吾国之思想界者也。近三四年，法国十八世纪之自然主义，由日本之介绍，而入于中国，一时学海波涛沸渭矣。然附和此说者，非出于知识，而出于情意。彼等于自然主义之根本思想，固懵无所知，聊借其枝叶之语以图遂其政治上之目的耳。由学术之方面观之，谓之无价值可也。其有蒙西洋学说之影响，而改造古代之学说，于吾国思想界上占一时之势力者，则有南海□□□［康有为］之《孔子改制考》《春秋董氏学》，浏阳□□□［谭嗣同］之《仁学》。□［康］氏以元统天之说，大有泛神论之臭味，其崇拜孔子也颇模仿基督教，其以预言者自居，又居然抱穆罕默德之野心者也。其震人耳目之处，在脱数千年思想之束缚，而易之以西洋已失势力之迷信，此其学问上之事业不得不与其政治上之企图同归于失败者也。然□［康］氏之于学术非有固有之兴味，不过以之为政治上之手段，荀子所谓“今之学者以为禽犊者也。”□［谭］氏之说，则出于上海教会中所译之《治心免病法》，其形而上学之“以太”说，半唯物论、半神秘论也。人之读此书者，其兴味不在此等幼稚之形而上学，而在其政治上之意见。□［谭］氏此书之目的，亦在此而不在彼，固与南海□［康］氏同也。庚辛以还，各种杂志接踵而起，其执笔者，非喜事之学生，则亡命之逋巨也。此等杂志，本不知学问为何物，而但有政治上之目的，虽时有学术上之议论，不但剽窃灭裂而已。如《新民丛报》中之《汗德哲学》，其纰缪十且八九也。其稍有一顾之价值者，则《浙江潮》中某氏之《续无鬼论》，作者忘其科学家之本分，而闯入形而上学，以鼓吹其素朴浅薄之唯物论，其科学上之引证亦甚疏略，然其唯有学术上之目的，则固有可褒者。

又观近数年之文学，亦不重文学自己之价值，而唯视为政治教育之手段，与哲学无异。如此者，其亵渎哲学与文学之神圣之罪，固不可逭，欲求其学说之有价值，安可得也？故欲学术之发达，必视学术为目的，而不视为手段而后可。汗德伦理学之格言曰：“当视人人为一目的，不可视为手段。”岂特人之对人当如是而已乎，对学术亦何独不然？然则彼等言政治，则言政治已耳，而必欲渎哲学文学之神圣，此则大不可解者也。

近时之著译与杂志既如斯矣，至学校则何如？中等学校以下，但授国民必要之知识，其无与于思想上之事，固不俟论。京师大学之本科，尚无设立之日，即令设立，而据南皮张尚书之计画，仅足以养成咕哔之俗儒耳。此外私立学校，亦无足以当专门之资格者。唯上海之震旦学校，有丹徒马氏之《哲学讲义》，虽未知其内容若何，然由其课程观之，则依然三百年前特嘉尔之独断哲学耳。国中之学校如此，则海外之留学界如何？夫同治及光绪初年之留学欧美者，皆以海军制造为主，其次法律而已，以纯粹科学专其家者，独无所闻。其稍有哲学之兴味如严复氏者，亦只以馀力及之。其能接欧人深邃伟大之思想者，吾决其必无也。即令有之，亦其无表出之之能力，又可决也。况近数年之留学界，或抱政治之野心，或怀实利之目的，其肯研究冷淡干燥无益于世之思想问题哉？即有其人，然现在之思想界，未受其戋戋之影响，则又可不言而决也。

由此观之，则近数年之思想界，岂特无能动之力而已乎，即谓之未尝受动，亦无不可也。夫西洋思想之入我中国为时无几，诚不能与六朝唐室之于印度较。然西洋之思想与我中国之思想，同为入世间的，非如印度之出世间的思想，为我国古所未有也。且重洋交通，非有身热头痛之险；文字易学，非如佉卢之难也。则我国思想之受动，宜较昔日为易，而顾如上所述者何哉？盖佛教之入中国，帝王奉之，士夫敬之，蚩蚩之氓，膜拜而顶礼之。且唐宋以前，孔子之一尊未定，道统之说未起，学者尚未有入主出奴之见也，故其学易盛，其说易行。今则大学分科不列哲学，士夫谈论，动诋异端。国家以政治上之骚动，而疑西洋之思想皆酿乱之麹糵；小民以宗教上之嫌忌，而视欧美之学术皆两《约》之悬谈。且非常之说，黎民之所惧；难知之道，下士之所笑。此苏格拉底之所以仰药，婆鲁诺之所以焚身，斯披诺若之所以破门，汗德之所以解职也。其在本国且如此，况乎在风俗文物殊异之国哉！则西洋之思想之不能骤输入我中国，亦自然之势也。况中国之民固实际的而非理论的，即令一时输入，非与我中国固有之思想相化，决不能保其势力。观夫三藏之书已束于高阁，两宋之说犹习于学官，前事之不忘，来者可知矣。

然由上文之说，而遂疑思想上之事，中国自中国，西洋自西洋者，此又不然。何则？知力人人之所同有，宇宙人生之问题，人人之所不得解也。其有能解释此问题之一部分者，无论其出于本国或出于外国，其偿我知识上之要求而慰我怀疑之苦痛者，则一也。同此宇宙，同此人生，而其观宇宙人生也，则各不同。以其不同之故，而遂生彼此之见，此大不然者也。学术之所争，只有是非真伪之别耳。于是非真伪之别外，而以国家、人种、宗教之见杂之，则以学术为一手段，而非以为一目的也。未有不视学术为一目的而能发达者，学术之发达，存于其独立而已。然则吾国今日之学术界，一面当破中外之见，而一面毋以为政论之手段，则庶可有发达之日欤！

1905年《教育世界》93号

论性

今吾人对一事物，虽互相反对之议论，皆得持之而有故，言之而成理，则其事物必非吾人所能知者也。“二加二为四”“二点之间只可引一直线”，无论何人，未有能反对之者也；因果之相嬗，质力之不灭，无论何人，未有能反对之者也。数学及物理学之所以为最确实之知识者，岂不以此矣乎？今孟子之言曰“人之性善”，荀子之言曰“人之性恶”，二者皆互相反对之说也，然皆持之而有故，言之而成理，然则吾人之于人性固有不可知者在欤？孔子之所以罕言性与命者，固非无故欤？且于人性论中，不但得容反对之说而已，于一人之说中，亦不得不自相矛盾。孟子曰：“人之性善，在求其放心而已。”然使之放其心者谁欤？荀子曰：“人之性恶，其善者伪（人为）也。”然所以能伪者何故欤？汗德曰：“道德之于人心，无上之命令也。”何以未几而又有根恶之说欤？叔本华曰：“吾人之根本，生活之欲也。”然所谓拒绝生活之欲者，又何自来欤？古今东西之论性，未有不自相矛盾者。使性之为物，如数及空间之性质然，吾人之知之也既确，而其言之也无不同，则吾人虽昌言有论人性之权利可也。试问吾人果有此权利否乎？今论人性者之反对矛盾如此，则性之为物，固不能不视为超乎吾人之知识外也。

今夫吾人之所可得而知者，一先天的知识，一后天的知识也。先天的知识，如空间时间之形式，及悟性之范畴，此不待经验而生，而经验之所由以成立者，自汗德之知识论出后，今日殆为定论矣。后天的知识乃经验上之所教我者，凡一切可以经验之物皆是也。二者之知识皆有确实性，但前者有普遍性及必然性，后者则不然，然其确实则无以异也。今试问性之为物，果得从先天中或后天中知之乎？先天中所能知者，知识之形式，而不及于知识之材质，而性固一知识之材质也，若谓于后天中知之，则所知者又非性。何则？吾人经验上所知之性，其受遗传与外部之影响者不少，则其非性之本来面目，固已久矣。故断言之曰：性之为物，超乎吾人之知识外也。

人性之超乎吾人之知识外，既如斯矣，于是欲论人性者，非驰于空想之域，势不得不从经验上推论之。夫经验上之所谓性，固非性之本，然苟执经验上之性以为性，则必先有善恶二元论起焉。何则？善恶之相对立，吾人经验上之事实也。反对之事实，而非相对之事实也。相对之事实，如寒热、厚薄等是。太热曰“热”，小热曰“寒”；大厚曰“厚”，稍厚曰“薄”。善恶则不然。大善曰“善”，小善非“恶”；大恶曰“恶”，小恶亦非“善”。又积极之事实，而非消极之事实也。有光曰“明”，无光曰“暗”；有有曰“有”，无有曰“无”。善恶则不然。有善曰“善”，无善犹“非恶”；有恶曰“恶”，无恶犹“非善”。唯其为反对之事实，故善恶二者，不能由其一说明之，唯其为积极之事实，故不能举其一而遗其他。故从经验上立论，不得不盘旋于善恶二元论之胯下。然吾人之知识，必求其说明之统一，而决不以此善恶二元论为满足也。于是性善论、性恶论，及超绝的一元论（即性无善无不善说，及可以为善可以为不善说），接武而起。

夫立于经验之上以言性，虽所论者非真性，然尚不至于矛盾也。至超乎经验之外而求其说明之统一，则虽反对之说，吾人得持其一，然不至自相矛盾不止。何则？超乎经验之外，吾人固有言论之自由，然至欲说明经验上之事实时，则又不得不自圆其说，而复反于二元论。故古今言性者之自相矛盾，必然之理也。今略述古人论性之说，而暴露其矛盾，世之学者可以观焉。

我国之言性者古矣。尧之命舜曰："人心唯危，道心唯微。"仲虺之诰汤曰："唯天生民，有欲无主乃乱，唯天生聪明时乂。"《汤诰》则云："惟皇上帝，降衷于下民。若有恒性，克绥厥猷唯后。"此二说，互相发明，而与霍布士之说若合符节。然人性苟恶而不可以为善，虽聪明之君主，亦无以乂之。而聪明之君主，亦天之所生也，又苟有善之恒性，则岂待君主之绥乂之乎？然则二者非互相豫想，皆不能持其说，且仲虺之于汤，固所谓见而知之者，不应其说之矛盾如此也。二诰之说，不过举其一面而遗其他面耳。嗣是以后，人又有唱一元之论者。诗曰："天生蒸民，有物有则。民之秉彝，好是懿德。"刘康公所谓"民受天地之中以生"者，亦不外《汤诰》之意。至孔子而始唱超绝的一元论，曰："性相近也，习相远也。"又曰："唯上知与下愚不移。"此但从经验上推论之，故以之说明经验上之事实，自无所矛盾也。

告子本孔子之人性论，而曰：“生之谓性，性无善无不善也。”又曰：“性犹湍水也，决诸东方则东流，决诸西方则西流。”此说虽为孟子所驳，然实孔子之真意。所谓“湍水”者，性相近之说也；“决诸东方则东流，决诸西方则西流”者，习相远之说也。孟子虽攻击之而主性善论，然其说则有未能贯通者。其山木之喻，曰：“牛山之木尝美矣……是岂山之性也哉？虽存乎人者，岂无仁义之心哉？其所以放其良心者，亦犹斧斤之于木也，旦旦而伐之，可以为美乎？其昼夜之所息，平旦之气，其好恶与人相近也者几希，则其旦昼之所为，有梏亡之矣。梏之反覆，则其夜气不足以存……此岂人之情也哉！”然则所谓“旦旦伐之”者何欤？所谓“梏亡之”者何欤？无以名之，名之曰“欲”，故曰“养心莫善于寡欲”。然则所谓“欲”者，何自来欤？若自性出何为而与性相矛盾欤？孟子于是以“小体”“大体”说明之曰：“耳目之官不思而蔽于物，物交物则引之而已矣。心之官则思，思则得之，不思则不得也，此天之所以与我者。”顾以心为天之所与，则耳目二者，独非天之所与欤？孟子主性善，故不言耳目之欲之出于性，然其意则正如此，故孟子之性论之为二元论，昭然无疑矣。

至荀子反对孟子之说而唱性恶论，曰：“礼义法度，是生于圣人之伪，非故生于人之性也。若夫目好色、耳好声、口好味、心好利、骨体肢理好愉佚，是皆生于人之情性者也。感而自然，不待事而后生之者也。夫感而不能然，必且待事而后然者，谓之生于伪，是性伪之所生，其不同之征也。故圣人化性而起伪。”又曰："古者圣人以人之性恶，以为偏险而不正，悖乱而不治，故为之立君上之势以临之，明礼义以化之，起法政以治之，重刑罚以禁之，使天下皆出于治，合于善。此圣王之治，而礼义之化也。今试去君上之势，无礼义之化，去法政之治，无刑罚之禁，倚而观天下人民之相与也。若是，则夫强者害弱而夺之，众者暴寡而哗之，天下之悖乱而相亡，不待顷矣。然则人之性恶明矣，其善者伪也。"(《性恶篇》)吾人且进而评其说之矛盾，其最显著者，区别人与圣人为二是也。且夫圣人独非人也欤哉？常人待圣人出，礼义兴，而后出于治，合于善。则夫最初之圣人，即制作礼义者，又安所待欤？彼说礼之所由起，曰："人生而有欲，欲而不得则不能无求，求而无度量分界则争，争则乱，乱则穷。先王恶其乱也，故制礼义以分之，以养人之欲，给人之求。"此礼之所由起也。(《礼论篇》)则所谓礼义者，亦可由欲推演之，然则胡不曰"人恶其乱也，故作礼义以分之"，而必曰"先王"何哉？又其论礼之渊源时，亦含矛盾之说。曰："今人之性，饥而欲饱，寒而欲暖，劳而欲休，此人之情也。今人饥，见长而不敢先食者，将有所让也；劳而不敢求息者，将有所代也。夫子之让乎父，弟之让乎兄，子之代乎父，弟之代乎兄，此二行者，皆反于性而悖于情也。"(《性恶篇》)然又以三年之丧为称情而立文，曰："凡生乎天地之间者，有血气之属，必有知；有知之属，莫不爱其类。今夫大鸟兽，则失亡其群匹，越月逾时，则必反沿，过故乡则必徘徊焉，鸣号焉，踯躅焉，踟蹰焉，然后能去之也。小者是燕爵，犹有啁噍之顷焉，然后能去之。故有血气之属，莫知于人，故人之于亲也，至死无穷。”故曰：“说豫娩泽，忧患萃恶，是吉凶忧愉之情之发于颜色者也……”（《礼论篇》）此与孟子所谓“孩提之童，无不知爱其亲，及所以告夷之”者何异？非所谓感于自然，不待事而后然者欤？则其非反于性而悖于情明矣。于是荀子性恶之一元论，由自己破灭之。

人性之论，唯盛于儒教之哲学中，至同时之他学派则无之。约而言之，老、庄主性善，故崇自然；申、韩主性恶，故尚刑名。然在此诸派中，并无争论及之者。至汉而《淮南子》奉老子之说，而唱性善论，其言曰：“清净恬愉，人之性也。”（《人间训》）故曰：“乘舟而惑者，不知东西，见斗极则寤矣。夫性，亦人之斗极也。有以自见也，则不失物之情；无以自见也，则动而惑营。”又曰：“人之性无邪，久湛于俗则易，易而忘本，合于若性。故日月欲明，浮云盖之；河水欲清，沙石濊之；人性欲平，嗜欲害之。”（《齐俗训》）于是《淮南子》之性善论与孟子同，终破裂而为性欲二元论。

同时董仲舒亦论人性，曰：“性之名非生欤？如其生之自然之资之谓性。性者质也，诘性之质于善之名，能中之与？既不能中矣，而尚谓之质善，何哉？”“故性比于禾，善比于米。米出禾中，而禾未可全为米也；善出性中，而性未可全为善也。善与米，人之所继天而成于外，非在天之所为之内也。”（《春秋繁露·深察名号篇》）其论法全似荀子，而其意则与告子同。然董子亦非能久持此超绝的一元论者。夫彼之形而上学，固阴阳二元论也。其言曰：阳，天之德；阴，天之刑。“阳常居实位，而行于盛；阴常居空虚，而行于末。”（《阳尊阴卑篇》）故曰：“天两有阴阳之施，人亦两有贪仁之性。”（《深察名号篇》）由此二元论，而一面主性恶之说曰：民之为言瞑也，“弗扶将颠陷猖狂，安能善？”（《深察名号篇》）刘向谓仲舒作书美荀卿，非无据也。然一面又谓：“天覆育万物，既化而生之，有养而成之。”察于天之意，无穷极之仁也。人之受命于天也，取仁于天而仁也。”（《王道通三篇》）又曰：“阴之行不得干春夏，而月之魄常厌于日光，乍全乍伤，天之禁阴如此，安得不损其欲而辍其情以应天？”（《深察名号篇》）夫人受命于天，取仁于天，捐情辍欲，乃合天道，则又近于性善之说。要之，仲舒之说，欲调和孟荀二家，而不免以苟且灭裂终者也。

至扬雄出，遂唱性善恶混之二元论。至唐之中叶，伦理学上复提起人性论之问题。韩愈之《原性》，李翱之《复性书》，皆有名于世。愈区别性与情为二，翱虽谓情由性出，而又以为性善而情恶。其根据薄弱实无足言者。至宋之王安石，复绍述告子之说。其《性情论》曰：“性情一也。七情之未发于外，而存于心者，性也；七情之发于外者，情也。性者，情之本；情者，性之用也。故性情一也。”又曰：“君子之所以为君子者，无非情；小人之所以为小人者，无非情。情而当于理，则圣贤也；不当于理，则小人也。”同时苏轼亦批评韩愈之说，而唱超绝的一元论，又下善之界说。其《扬雄论》曰：“性者，果泊然而无所为耶？则不当复有善恶之说。苟性之有善恶也，则夫所谓情者，乃吾所谓性也。人生而莫不有饥寒之患、牝牡之欲，今告于人曰：饥而食，渴而饮，男女之欲，不出于人之性也，可乎？是天下知其不可也。圣人无是，无由以为圣；而小人无是，无由以为恶。圣人以其喜、怒、哀、惧、爱、恶、欲七者御之，而之乎善；小人以是七者御之，而之乎恶。由是观之，善恶者，性之所能之，而非性所能有也。且夫言性又安以其善恶为哉？虽然，扬雄之论，则固已近之，曰：'人之性，善恶混。修其善则为善人，修其恶则为恶人。'此其所以为异者。唯其不知性之不能以有善恶，而以为善恶之皆出于性而已。夫太古之初，本非有善恶之论。唯天下之所同安者，圣人指以为善；而一人之所独乐者，则名以为恶。天下之人，固将即其所乐而行之。孰知圣人唯以其一人之所独乐，不能胜天下之所同安，是以有善恶之辨也。"(《东坡全集》卷四十七)苏、王二子，盖知性之不能赋以善恶之名，故遁而为此超绝的一元论也。

综观以上之人性论，除董仲舒外，皆就性论性，而不涉于形而上学之问题。至宋代哲学兴（苏、王二氏，虽宋人，然于周、张之思想全不相涉），而各由其形而上学以建设人性论。周子之语，最为广漠。其《太极图说》曰："无极而太极。太极动而生阳，动极而静，静则生阴，静极复动。一动一静，互为其根，分阴分阳，两仪立焉。阳变阴合，而生水火木金土。五气顺布，四时行焉。无极之真，二五之精，妙合而凝，乾道成男，坤道成女。二气交感，化生万物，万物生生，而变化无穷焉。唯人也，得其秀而最灵。形既生矣，神发知矣。五性感动，而善恶分，万物出矣。"又曰："诚无为，几善恶。"（《通书 · 诚几德章》）几者动之微，诚者即前所谓太极也。太极动而后有阴阳，人性动而后有善恶。当其未动时，初无善恶之可言。所谓秀而最灵者，以才言之，而非以善恶言之也。此实超绝的一元论，与苏氏所谓“善恶者，性之所能之，而非性所能有者”无异。然周子又谓：“诚者圣人之本，纯粹至善者也。”（《通书·诚上》）然人之本体既善，则其动也何以有善恶之区别乎？周子未尝说明之。故其性善之论，实由其乐天之性质与尊崇道德之念出，而非有名学上必然之根据也。

横渠张子亦由其形而上学而演绎人性论。其言曰：“太虚无形，气之本体，其聚其散，变化之客形尔。至静无感，性之渊源，有识有知，物交之客感尔。”（《正蒙·太和篇》）即谓人之性与太虚同体，善恶之名无自而加之。此张子之本意也。又曰：“气本之虚，则湛而无形；感而生，则聚而有象。有象斯有对，对必反其为；有反斯有仇，仇必和而解。”（《太和篇》）此即海额尔之辨证法所谓“由正生反，由反生合”者也。象者，海氏之所谓正；对者，反也；和解者，正反之合也。故曰：“太虚为清，清则无碍，无碍故神，反清为浊，浊则碍，碍则形。”（《太和篇》）“形而后有气质之性善，善反之则天地之性存焉。故气质之性，君子有所不性焉。”（《诚明篇》）又曰：“湛一，气之本；攻取，气之欲。”（《太和篇》）由是观之，彼于形而上学，立太虚之一元，而于其发现也，分为形神之二元。善出于神，恶出于形，而形又出于神、合于神，故二者之中，神其本体，而形其客形也。故曰：“一物两体气也。一故神，两故化。”（《参两篇》）然形既从神出，则气质之性，何以与天地之性相反欤？又气质之性，何以不得谓之性欤？此又张子所不能说明也。

至明道程子之说曰："生生之谓易，此天之所以为道也。天只是以生为道，继此生理者，只是善，便有一个元的意思。元者善之长，万物皆有春意，便是'继之者善也，成之者性也'。却待他万物自成其性须得。"（《二程全书》卷二）又曰："论性不论气，不备，论气不论性，不明，二之则不是。"（同上）由是观之，明道之所谓"性"，兼气而言之。其所谓"善"，乃生生之意，即广义之善，而非孟子所谓"性善"之"善"也。故曰："生之谓性，性即气，气即性，生之谓也。人生气禀，理有善恶，然不是性中元有此两物相对而生。有自幼而恶，有自幼而善，气禀有然也。善固性也，然恶亦不可不谓之性。盖生之谓性，人生而静，以上不容说，才说性时，便已不是性也。"（同上）按明道于此语意未明，盖既以生为性，而性中非有善恶二者相对，则当云"善固出于性也，而恶亦不可不谓之出于性"。又当云"人生而静，以上不容说善恶，才说善恶，便不是性"。然明道不敢反对孟子，故为此暧昧之语，然其真意，则正与告子同。然明道他日又混视广义之善与狭义之善，而反覆性善之说。故明道之性论，于宋儒中最为薄弱者也。

至伊川纠正明道之说，分性与气为二，而唱性善论，曰："性出于天，才出于气。气清则才清，气浊则才浊。才则有善有不善，性则无不善。"（《近思录·道体类》）又曰："性无不善，而有善有不善者，才也。性即是理，理则自尧、舜至于途人一也。才禀于气，气有清浊，禀其清者为贤，禀其浊者为愚。"（《二程全书》卷十九）盖欲主张性善之说，则气质之性之易趋于恶，此说之一大障碍也。于是非置气于性之外，则不能持其说。故伊川之说，离气而言性，则得持其性善之一元论。若置气于性中，则纯然空间的善恶二元论也。

朱子继伊川之说，而主张理气之二元论。其形而上学之见解曰："天地之间，有理有气。理者，形而上之道也，生物之本也；气者，形而下之器也，生物之具也。是以人物之生，必禀此理，然后有性，必禀此气，然后有形。"（《学的》上）又曰："天下未有无理之气，亦未有无气之理。"（《语类》一）而此理，伊川已言之曰："离阴阳则无道。阴阳，气也，形而下也；道，太虚也，形而上也。"（《性理会通》卷二十六）但于人性上，伊川所目为气者，朱子直谓之性。即性之纯乎理者，谓之天地之性；其杂乎气者，谓之气质之性。而二者又非可离而为二也，故曰："性非气质，则无所寄；气非天性，则无所成。"（《语类》卷四）又曰："论天地之性，则专主理；论气质之性，则以理与气杂而言之。"（《学的》上）而性如水然，气则盛水之器也。故曰："水皆清也，以净器盛之则清，以不净器盛之则臭，以淤泥之器盛之则浊。"（《语类》卷四）故由朱子之说，理无不善，而气则有善有不善。故朱子之性论，与伊川同，不得不谓之二元论也。

朱子又自其理气二元论，而演绎其理欲二元论，曰："有个天理，便有个人欲。盖缘这个天理，须有个安顿处。才安顿得不恰好，便有人欲出来。"（《性理会通》卷五十）象山陆子起而驳之曰："天理人欲之分，语极有病。自《礼记》有此言，而后人袭之。《记》曰：'人生而静，天之性也。感于物而动，性之欲也。'若是，则动亦是、静亦是，岂有天理物欲之分？动若不是，则静亦不是，岂有动静之间哉？”（《全集》三十五）又驳人心道心之说曰：“心，一也，安得有二心？”（《全集》三十四）此全立于告子之地位，而为超绝的一元论也。然此非象山之真意，象山固绝对的性善论者也。其告学者曰：“汝耳自聪，目自明，事父自能孝，事兄自能弟。”（《全集》三十四）故曰：“人生皆善，其不善者，迁于物也。”（《全集》三十二）然试问人之所以迁于物者如何，象山亦归之于气质。曰：“气质偏弱，则耳目之官不思而蔽于物。物交物，则引之而已。”（同上）故陆子之意，与伊川同，别气于性，而以性为善。若合性与气而言之，则亦为二元论。阳明王子亦承象山之说而言性善，然以格去物欲为致良知之第一大事业。故古今之持性善论，而不蹈于孟子之矛盾者，殆未之有也。

呜呼！善恶之相对立，吾人经验上之事实也。自生民以来至于今，世界之事变，孰非此善恶二性之争斗乎？政治与道德，宗教与哲学，孰非由此而起乎？故世界之宗教，无不著二神教之色彩。野蛮之神，虽多至不可稽，然不外二种，即有爱而祀之者，有畏而祀之者，即善神与恶神是已。至文明国之宗教，于上帝之外，其不豫想恶魔者殆稀也。在印度之婆罗门教，则造世界之神谓之“梵天（Brahmā）”，维持世界者谓之“吠舍那（Aishnu）”，而破坏之者谓之“湿婆（Śiva）”。以为今日乃湿婆之治世，焚天与吠舍那之治世已过去矣。其后乃有三位一体之说，此则犹论理学之由二元论而变为超绝的一元论也。迤印度以西，则波斯之火教，立阿尔穆兹（Ormasd）与阿利曼（Ahriman）之二神。阿尔穆兹，善神也，光明之神也，平和之神也。阿利曼，则主恶与暗黑及争斗。犹太教之耶和华（Jehovah）与撒旦（Satan），实自此出者也。希腊神语中之亚波罗（Apolo），与地哇尼速斯（Dionysus）之关系，亦颇似之。嗣是以后，基督教之理知派亦承此思想，谓世界万物之形式为神，而其物质则堕落之魔鬼也。暗黑且恶之魔鬼，与光明且善之神相对抗，而各欲加其势力于人。现在之世界，即神与魔鬼之战地也。夫所谓神者，非吾人善性之写象乎？所谓魔鬼者，非吾人恶性之小影乎？他如犹太基督二教之堕落之说，佛教及基督教之忏悔之说，皆示善恶二性之争斗。盖人性苟善，则堕落之说为妄，既恶矣，又安知堕落之为恶乎？善则无事于忏悔，恶而知所以忏悔，则其善端之存在，又不可诬也。夫岂独宗教而已，历史之所纪述，诗人之所悲歌，又孰非此善恶二性之争斗乎？但前者主纪外界之争，后者主述内界之争，过此以往，则吾不知其区别也。吾人之经验上善恶二性之相对立如此，故由经验以推论人性者，虽不知与性果有当与否，然尚不与经验相矛盾，故得而持其说也。超绝的一元论，亦务与经验上之事实相调和，故亦不见有显著之矛盾。至执性善性恶之一元论者，当其就性言性时，以性为吾人不可经验之一物故，故皆得而持其说。然欲以之说明经验，或应用于修身之事业，则矛盾即随之而起。余故表而出之，使后之学者勿徒为此无益之议论也。

1904年《教育世界》70号

释理

昔阮文达公作《塔性说》，谓“翻译者但用典中‘性’字以当佛经无得而称之物，而唐人更以经中‘性’字当之”。力言翻译者遇一新义为古语中所无者，必新造一字，而不得袭用似是而非之古语。是固然矣，然文义之变迁，岂独在输入外国新义之后哉？吾人对种种之事物，而发见其公共之处，遂抽象之而为一概念，又从而命之以名。用之既久，遂视此概念为一特别之事物，而忘其所从出。如“理”之概念，即其一也。吾国语中“理”字之意义之变化，与西洋“理”字之意义之变化，若出一辙。今略述之如左：

（一）理字之语源。《说文解字》第一篇：“理，治玉也，从玉，里声。”段氏玉裁注：“《战国策》郑人谓玉之未理者为璞，是理为剖析也。”由此类推，而种种分析作用，皆得谓之曰理。郑玄《乐记注》：“理者，分也。”《中庸》所谓“文理密察”，即指此作用也。由此而分析作用之对象，即物之可分析而粲然有系统者，亦皆谓之理。《逸论语》曰：“孔子曰：美哉璠玙！远而望之，奂若也；近而视之，瑟若也。”“一则理胜，一则孚胜。”此从“理”之本义之动词，而变为名词者也。更推之而言他物，则曰“地理”（《易·系辞传》），曰“腠理”（《韩非子》），曰“色理”，曰“蚕理”，曰“箴理”（《荀子》），就一切物而言之曰“条理”（《孟子》）。然则所谓“理”者，不过谓吾心分析之作用，及物之可分析者而已矣。

其在西洋各国语中，则英语之Reason，与我国今日“理”字之义大略相同，而与法国语之 Raison，其语源同出于拉丁语之Ratio。此语又自动词 Retus（思索之意）而变为名词者也。英语又谓推理之能力曰 Discourse，同时又用为言语之义。此又与意大利语之Discorso同出于拉丁语之Disctrsus，与希腊语之Logos皆有言语及理性之两义者也。其在德意志语，则其表理性也曰Vernunft，此由Vernehmen之语出。此语非但“听”字之抽象名词，而实谓知言语所传之思想者也。由此观之，古代二大国语及近世三大国语，皆以思索（分合概念之力）之能力及言语之能力，即他动物之所无而为人类之独有者，谓之曰：理性、Logos（希）、Ratio（拉）、Vernunft（德）、Raison（法）、Reason（英）。而从吾人理性之思索之径路，则下一判断，必不可无其理由。于是拉丁语之 Ratio、法语之 Raison、英语之 Reason 等，于理性外又有理由之意义，至德语之Vernunft，则但指理性，而理由则别以Grunde 之语表之。吾国之“理”字，其义则与前者为近，兼有理性与理由之二义，于是“理”之解释，不得不分为广义的及狭义的二种。

（二）“理”之广义的解释。“理”之广义的解释，即所谓“理由”是也。天下之物，绝无无理由而存在者。其存在也，必有所以存在之故，此即物之充足理由也。在知识界，则既有所与之前提，必有所与之结论随之；在自然界，则既有所与之原因，必有所与之结果随之。然吾人若就外界之认识，而皆以判断表之，则一切自然界中之原因，即知识上之前提，一切结果，即其结论也。若视知识为自然之一部，则前提与结论之关系，亦得视为因果律之一种。故欧洲上古及中世之哲学，皆不区别此二者，而视为一物。至近世之拉衣白尼志始分晰之，而总名之曰充足理由之原则，于其《单子论》之小诗中，括之为公式曰：“由此原则，则苟无必然，或不得不然之充足理由，则一切事实不能存在，而一切判断不能成立。”汗德亦从其说而立形式的原则与物质的原则之区别。前者之公式曰：“一切命题，必有其论据。”后者之公式曰：“一切事物，必有其原因。”其学派中之克珊范台尔更明言之曰：“知识上之理由（论据）必不可与事实上之理由（原因）相混。前者属名学，后者属形而上学。前者思想之根本原则，后者经验之根本原则也。原因对实物而言，论据则专就吾人之表象言也。”至叔本华而复就充足理由之原则，为深邃之研究，曰：“此原则就客观上言之，为世界普遍之法则；就主观上言之，乃吾人之知力普遍之形式也。”世界各事物，无不入此形式者，而此形式，可分为四种：一、名学上之形式，即从知识之根据之原则者，曰既有前提，必有结论；二、物理学上之形式，即从变化之根据之原则者，曰既有原因，必有结果；三、数学上之形式，此从实在之根据之原则者，曰一切关系，由几何学上之定理定之者，其计算之成绩不能有误；四、实践上之形式，曰动机既现，则人类及动物，不能不应其固有之气质，而为惟一之动作。此四者，总名之曰“充足理由之原则”。此四分法中，第四种得列诸第二种之形式之下，但前者就内界之经验言之，后者就外界之经验言之，此其所以异也。要知第一种之充足理由之原则，乃吾人理性之形式，第二种悟性之形式，第三种感性之形式也。此三种之公共之性质，在就一切事物而证明其所以然，及其不得不然。即吾人就所与之结局观之，必有其所以然之理由；就所与之理由观之，必有不得不然之结局。此世界中最普遍之法则也。而此原则所以为世界最普遍之法则者，则以其为吾人之知力之最普遍之形式。故陈北溪（淳）曰：“理有确然不易的意。”临川吴氏（澄）曰：“凡物必有所以然之故，亦必有所当然之则。所以然者理也，所当然者义也。”征之吾人日日之用语，所谓“万万无此理”“理不应尔”者，皆指理由而言也。

（三）“理”之狭义的解释。“理”之广义的解释外，又有狭义的解释，即所谓“理性”是也。夫吾人之知识，分为二种：一直观的知识，一概念的知识也。直观的知识，自吾人之感性及悟性得之，而概念之知识，则理性之作用也。直观的知识，人与动物共之，概念之知识，则惟人类所独有。古人所以称人类为理性的动物，或合理的动物者，为此故也。人之所以异于动物，而其势力与忧患且百倍之者，全由于此。动物生活于现在，人则亦生活于过去及未来。动物但求偿其一时之欲，人则为十年百年之计。动物之动作，由一时之感觉决定之，人之动作，则决之于抽象的概念。夫然，故彼之动作，从豫定之计画而不为外界所动，不为一时之利害所摇；彼张目敛手，而为死后之豫备；彼藏其心于不可测度之地，而持之以归于邱墓。且对种种之动机而选择之者，亦惟人为能。何则？吾人惟有概念的知识。故将有为也，将有行也，必先使一切远近之动机，表之以概念，而悉现于意识，然后吾人得递验其力之强弱，而择其强者而从之。动物则不然，彼等所能觉者，现在之印象耳。惟现在之苦痛之恐怖心，足以束缚其情欲，逮此恐怖心久而成为习惯，遂永远决定其行为，谓之曰"驯扰"。故感与觉，人与物之所同；思与知，则人之所独也。动物以振动表其感情及性质，人则以言语传其思想，或以言语揜盖之。故言语者，乃理性第一之产物，亦其必要之器官也。此希腊及意大利语中所以以一语表理性及言语者也。此人类特别之知力，通古今东西，皆谓之曰"理性"，即指吾人自直观之观念中，造抽象之概念，及分合概念之作用。自希腊之柏拉图、雅里大德勒，至近世之洛克、拉衣白尼志，皆同此意。其始混用之者，则汗德也。

汗德以理性之批评，为其哲学上之最大事业，而其对理性之概念则有甚暧昧者。彼首分理性为纯粹及实践二种，纯粹理性，指知力之全体，殆与知性之意义无异。彼于《纯粹理性批评》之《绪论》中曰："理性者，吾人知先天的原理的能力是也。"实践理性，则谓合理的意志之自律。自是"理性"二字，始有特别之意义，而其所谓纯粹理性中，又有狭义之理性。其下狭义理性之定义也，亦互相矛盾。彼于理性与悟性之别，实不能深知，故于

《先天辩证论》中曰:“理性者,吾人推理之能力。”(《纯理批评》第五版,三百八十六页)又曰:“单纯判断,则悟性之所为也。”(同,九十四页)叔本华于《汗德哲学之批评》中曰:“由汗德之意,谓若有一判断,而有经验的、先天的或超名学的根据,则其判断乃悟性之所为。如其根据而为名学的,如名学上之推理式等,则理性之所为也。”此外尚有种种之定义,其义各不同,其对悟性也亦然。要之,汗德以通常所谓理性者谓之悟性,而与理性以特别之意义。谓吾人于空间及时间中,结合感觉以成直观者,感性之事;而结合直观而为自然界之经验者,悟性之事;至结合经验之判断,以为形而上学之知识者,理性之事也。

自此特别之解释,而汗德以后之哲学家,遂以理性为吾人超感觉之能力,而能直知本体之世界及其关系者也。特如希哀林、海额尔之徒,乘云驭风而组织理性之系统。然于吾人之知力中果有此能力否?本体之世界果能由此能力知之否?均非所问也。至叔本华出,始严立悟性与理性之区别。彼于《充足理由》之论文中,证明直观中已有悟性之作用存。吾人有悟性之作用,斯有直观之世界;有理性之作用,而始有概念之世界。故所谓理性者,不过制造概念及分合之之作用而已。由此作用,吾人之事业,已足以远胜于动物。至超感觉之能力,则吾人所未尝经验也。彼于其《意志及观念之世界》及《充足理由》之论文中辨之累千万言,然后“理性之概念”灿然复明于世。孟子曰:“心之所同然者何也?谓理也,义也。”程子曰:“性即理也。”其对理之概念,虽于名学的价值外更赋以伦理学的价值,然就其视理为心之作用时观之，固指理性而言者也。

（四）“理”之客观的假定。由上文观之，“理”之解释，有广狭二义。广义之理是为理由，狭义之理则理性也。充足理由之原则，为吾人知力之普遍之形式，理性则知力作用之一种，故二者皆主观的而非客观的也。然古代心理上之分析未明，往往视理为客观上之物，即以为离吾人之知力而独立，而有绝对的实在性者也。如希腊古代之额拉吉来图，谓天下之物，无不生灭变化，独生灭循环之法则，乃永远不变者。额氏谓之曰“天运”，曰“天秩”，又曰“天理”（Logos）。至斯多噶派更绍述此思想，而以指宇宙之本体，谓生产宇宙及构造宇宙之神，即普遍之理也。一面生宇宙之实质，而一面赋以形式。故神者，自其有机的作用言之，则谓之创造及指导之理；自其对个物言之，则谓之统辖一切之命；自其以普遍决定特别言之，则谓之序；自其有必然性言之，则谓之运。近世希腊哲学史家灾尔列尔之言曰，由斯多噶派之意，则所谓天心、天理、天命、天运、天然、天则，皆一物也。故其所谓“理”，兼有理、法、命、运四义，与额拉吉来图同。但于开辟论之意义外，兼有实体论之意义，此其相异者也。希腊末期之斐洛，与近世之初之马尔白兰休，亦皆有此“理即神也”之思想。此理之自主观的意义，而变为客观的意义者也。

更返而观吾中国之哲学，则理之有客观的意义，实自宋人始。《易·说卦传》曰：“将以顺性命之理。”固以“理”为性中之物。孟子亦既明言“理”为心之所同然矣。而程子则曰：“在物为理。”又曰：“万物各具一理，而万理同出一原。”此“原”之为心为物，程子不言，至朱子直言之曰：“盖人心之灵，莫不有知；而天下之物，莫不有理。惟于理有未穷，故其知有不尽。”至万物之有理，存于人心之有知，此种思想，固朱子所未尝梦见也。于是理之渊源，不得求诸外物。于是谓“天地之间，有理有气。理也者，形而上之道也，生物之本也；气也者，形而下之器也，生物之具也。是以人物之生，必禀此理，然后有性；必禀此气，然后有形。”又曰：“天以阴阳五行化生万物，气以成形，而理亦附焉。”于是对周子之“太极”而与以内容曰：“‘太极’不过一个‘理’字。”万物之理，皆自此客观的大理出，故曰：“物物各具此理，而物物各异其用，然莫非理之流行也。”又《语类》云：“问，天与命、性与理四者之别。天则就其自然者言之，命则就其流行而赋于物者言之，性则就其全体而万物所得以为生者言之，理则就其事事物物各有其则者言之。到得合而言之，则天即理也，命即性也，性即理也。是如此否？曰，然。”故朱子之所谓“理”，与希腊斯多噶派之所谓“理”，皆预想一客观的理，存于生天、生地、生人之前，而吾心之理，不过其一部分而已。于是理之概念，自物理学上之意义出，至宋以后，而遂得形而上学之意义。

（五）“理”之主观的性质。如上所述，“理”者，主观上之物也。故对朱子之实在论，而有所谓观念论者起焉。夫孟子既以“理”为心之所同然，至王文成则明说之曰：“夫物理不外于吾心，外吾心而求物理，无物理矣。遗物理而求吾心，吾心又何物？”我国人之说“理”者，未有深切著明如此者也。其在西洋，则额拉吉来图及斯多噶派之理说，固为今日学者所不道。即充足理由原则之一种，即所谓因果律者，自雅里大德勒之范畴说以来，久视为客观上之原则。然希腊之怀疑派驳之于先，休蒙论之于后，至汗德、叔本华，而因果律之有主观的性质，遂为不可动之定论。休蒙谓因果之关系，吾人不能直观之，又不能证明之者也。凡吾人之五官所得直观者，乃时间上之关系，即一事物之续他事物而起之事实是也。吾人解此连续之事物为因果之关系，此但存于吾人之思索中，而不存于事物。何则？吾人于原因之观念中，不能从名学上之法则而演绎结果之观念。又结果之观念中，亦不含原因之观念，故因果之关系，决非分析所能得也。其所以有因果之观念者，实由观念联合之法则而生，即由观念之互相连续者屡反复于吾心，于是吾人始感其间有必然之关系，遂疑此关系亦存于客观上之外物。易言以明之，即自主观上之必然的关系，转而视为客观上之必然的关系。此因果之观念之所由起也。汗德力拒此说，而以因果律为悟性先天之范畴，而非得于观念联合之习惯。然谓宇宙不能赋吾心以法则，而吾心实与宇宙以法则，则其视此律为主观的而非客观的，实与休蒙同也。此说至叔本华而更精密证明之。叔氏谓吾人直观时，已有悟性（即自果推因之作用）之作用行乎其间。当一物之呈于吾前也，吾人所直接感之者，五官中之感觉耳。由此主观上之感觉，进而求其因于客观上之外物，于是感觉遂变而为直观，此因果律之最初之作用也。由此主观与客观间之因果之关系，而视客观上之外物，其间亦皆有因果之关系，此于先天中预定之者也。而此先天中之所预定，所以能于后天中证明之者，则以此因果律乃吾人悟性之形式，而物之现于后天中者，无不入此形式。故其《充足理由》论文之所陈述，实较之汗德之说更为精密完备也。夫以充足理由原则中之因果律，即事实上之理由，犹全属吾人主观之作用，况知识上之理由，及吾人知力之一种之理性乎。要之，以理为有形而上学之意义者，与《周易》及毕达哥拉斯派以数为有形而上学之意义同，自今日视之，不过一幻影而已矣。

由是观之，则所谓“理”者，不过“理性”“理由”二义，而二者皆主观上之物也。然则古今东西之言“理”者，何以附以客观的意义乎？曰：此亦有所自。盖人类以有概念之知识，故有动物所不能者之利益，而亦陷于动物不能陷之误谬。夫动物所知者，个物耳。就个物之观念，但有全偏明昧之别，而无正误之别。人则以有概念，故从此犬彼马之个物之观念中，抽象之而得“犬”与“马”之观念；更从犬、马、牛、羊及一切跂行喙息之观念中，抽象之而得“动物”之观念；更合之植物矿物而得“物”之观念。夫所谓“物”，皆有形质可衡量者也。而此外尚有不可衡量之精神作用，而人之抽象力进而不已，必求一语以赅括之，无以名之，强名之曰“有”。然离心与物之外，非别有所谓“有”也；离动、植、矿物以外，非别有所谓“物”也；离犬、马、牛、羊及一切跂行喙息之属外，非别有所谓“动物”也；离此犬彼马之外，非别有所谓“犬”与“马”也。所谓“马”者，非此马即彼马，非白马即黄马、骊马。如谓个物之外，别有所谓“马”者，非此非彼非黄非骊非他色，而但有马之公共之性质，此亦三尺童子之所不能信也。故所谓“马”者，非实物也，概念而已矣。而概念之不甚普遍者，其离实物也不远，故其生误解也不多。至最普遍之概念，其初固亦自实物抽象而得，逮用之既久，遂忘其所自出，而视为表特别之一物，如上所述“有”之概念是也。夫离心物二界，别无所谓“有”，然古今东西之哲学，往往以“有”为有一种之实在性。在我中国，则谓之曰“太极”，曰“玄”，曰“道”，在西洋则谓之曰“神”。及传衍愈久，遂以为一自证之事实，而若无待根究者，此正柏庚所谓“种落之偶像”，汗德所谓“先天之幻影”。人而不求真理则已，人而唯真理之是求，则此等谬误，不可不深察而明辨之也。“理”之概念，亦岂异于此！其在中国语中，初不过自物之可分析而有系统者，抽象而得此概念，辗转相借，而遂成朱子之理，即太极说。其在西洋，本但有理由及理性之二义，辗转相借，而前者生斯多噶派之宇宙大理说，后者生汗德以降之超感的理性说。所谓由灯而之檠，由烛而之钥，其去理之本义，固已远矣。此无他，以理之一语为不能直观之概念，故种种误谬得附此而生也。而所谓“太极”，所谓“宇宙大理”，所谓“超感的理性”，不能别作一字，而必借“理”字以表之者，则又足以证此等观念之不存于直观之世界，而惟寄生于广莫暗昧之概念中。易言以明之，不过一幻影而已矣。故为之考其语源，并其变迁之迹，且辨其性质之为主观的而非客观的。世之好学深思之君子，其亦有取于此欤？

由上文观之，则“理”之意义，以理由而言，为吾人知识之普遍之形式；以理性而言，则为吾人构造概念及定概念间之关系之作用，而知力之一种也。故“理”之为物，但有主观的意义，而无客观的意义。易言以明之，即但有心理学上之意义，而无形而上学上之意义也。然以理性之作用，为吾人知力作用中之最高者，又为动物之所无，而人之所独有，于是但有心理学上之意义者，于前所述形而上学之意义外，又有伦理学上之意义。此又中外伦理学之所同，而不可不深察而明辨之者也。

“理”之有伦理学上之意义，自《乐记》始。《记》曰：“人生而静，天之性也；感于物而动，性之欲也。物至知知，然后好恶形焉。好恶无节于内，知诱于外，不能反躬，天理灭矣。夫物之感人无穷，而人之好恶无节，则是物至而人化物也。人化物也者，灭天理而穷人欲者也。”此天理对人欲而言，确有伦理上之意义。然则所谓“天理”果何物欤？案《乐记》之意，与孟子小体大体之说极相似，今援孟子之说以解之曰：“耳目之官不思，而蔽于物，物交物则引之而已矣。心之官则思，思则得之，不思则不得也。此天之所以与我者，先立乎其大者，则其小者不能夺也。”由此观之，人所以引于物者，乃由不思之故。而思（定概念之关系）者，正理性之作用也。然则《乐记》之所谓“天理”，固指理性言之。然理性者，知力之一种。故理性之作用，但关于真伪，而不关于善恶。然在古代，真与善之二概念之不相区别，故无足怪也。至宋以降，而理欲二者，遂为伦理学上反对之二大概念。程子曰：“人心莫不有知，蔽于人欲，则亡天理矣。”上蔡谢氏曰：“天理与人欲相对。有一分人欲，即灭却一分天理；存一分天理，即胜得一分人欲。”于是“理”之一字，于形而上学之价值（实在）外，兼有伦理学上之价值（善）。其间惟朱子与国朝婺源戴氏之说，颇有可味者。朱子曰："有个天理，便有个人欲。盖缘这个天理，须有个安顿处，才安顿得不恰好，便有人欲出来。"又曰："天理人欲，分数有多少。天理本多，人欲也便是天理里面做出来。虽是人欲，人欲中自有天理。"戴东原氏之意与朱子同，而颠倒其次序而言之曰："理也者，情之不爽失也。"又曰："天理云者，言乎自然之分理也。自然之分理，以我之情，絜人之情，而无不得其平是也。"朱子所谓"安顿得好"，与戴氏所谓"絜人之情而无不得其平"者，则其视理也，殆以"义"字、"正"字、"恕"字解之。于是"理"之一语，又有伦理学上之价值。其所异者，惟朱子以理为人所本有，而安顿之不恰好者，则谓之欲；戴氏以欲为人所本有，而安顿之使无爽失者理也。

其在西洋之伦理学中亦然。柏拉图分人性为三品：一曰嗜欲，二曰血气，三曰理性。而以节制嗜欲与血气，而成克己与勇毅二德为理性之任。谓理性者，知识与道德所税驾之地也。厥后斯多噶派亦以人性有理性及感性之二元质，而德之为物，只在依理而克欲。故理性之语，亦大染伦理学之色彩。至近世汗德而遂有实践理性之说，叔本华于其《汗德哲学批评》中，极论之曰：汗德以爱建筑上之配偶，故其说纯粹理性也，必求其匹偶。而说实践理性。而雅里大德勒之 Nous praktikos 与烦琐哲学之 Intellectus practicus（皆实践知力之义）二语，已为此语之先导。然其意与二者大异，彼以理性为人类动作之伦理的价值之所由生，谓一切人之德性及高尚神圣之行，皆由此出，而无待于其他。故由彼之意，则合理之动作，与高尚神圣之动作为一，而私利惨酷卑陋之动作，但不合理之动作而已。然不问时之古今、地之东西，一切国语皆区别此二语（理性与德性）。即在今日，除少数之德意志学者社会外，全世界之人，犹执此区别。夫欧洲全土所视为一切德性之模范者，非基督教之开祖之生活乎？如谓彼之生活为人类最合理之生活，彼之教训示人以合理的生活之道，则人未有不议其大不敬者也。今有人焉，从基督之教训，而不计自己之生活，举其所有以拯无告之穷民，而不求其报，如此者，人固无不引而重之，然孰敢谓其行为为合理的乎？或如阿诺尔特以无上之勇，亲受敌人之刃，以图其国民之胜利者，孰得谓之合理的行为乎？又自他方面观之，今有一人焉，自幼时以来，深思远虑，求财产与名誉，以保其一身及妻子之福祉。彼舍目前之快乐，而忍社会之耻辱，不寄其心于美学及哲学等无用之事业，不费其日于不急之旅行，而以精确之方法，实现其身世之目的，彼之生涯，虽无害于世，然终其身无一可褒之点。然孰不谓此种俗子，有非常之推理力乎？又设有一恶人焉，以卑劣之策猎取富贵，甚或盗国家而有之，然后以种种诡计，蚕食其邻国，而为世界之主。彼其为此也，坚忍果戾而不夺于正义及仁爱之念，有妨彼之计画者，翦之除之，屠之刈之，而无所顾，驱亿万之民于刀锯缧绁而无所悯，然且厚酬其党类及助己者而无所吝，以达其最大之目的。孰不谓彼之举动，全由理性出者乎？当其设此计画也，必须有最大之悟性，然执行此计画，必由理性之力。此所谓实践理性者非欤？将谨慎与精密，深虑与先见，马启万里所以描写君主者，果不合理的欤？夫人知其不然也，要知大恶之所由成，不由于其乏理性，而反由与理性同盟之故。故汗德以前之作者，皆以良心为伦理的冲动之源，以与理性相对立。卢梭于其《哀美耳》中，既述二者之区别，即雅里大德勒亦谓德性之根源不存于人性之合理的部分，而存于其非理的部分。基开碌所谓理性者，罪恶必要之手段，其意亦谓此也。何则？理性者，吾人构造概念之能力也。而概念者，乃一种普遍而不可直观之观念，而以言语为之记号，此所以使人异于禽兽，而使于圆球上占最优之位置者也。盖禽兽常为现在之奴隶，而人类则以有理性之故，能合人生及世界之过去未来而统计之，故能不役于现在，而作有计划有系统之事业，可以之为善，亦可以之为恶。而理性之关于行为者，谓之实践理性，故所谓实践理性者，实与拉丁语之 Prudentra（谨慎小心）相似，而与伦理学上之善，无丝毫之关系者也。

吾国语中之“理”字，自宋以后，久有伦理学上之意义，故骤闻叔本华之说，固有未易首肯者。然“理”之为义，除理由、理性以外，更无他解。若以理由言，则伦理学之理由，所谓动机是也。一切行为，无不有一物焉为之机括，此机括或为具体的直观，或为抽象的概念，而其为此行为之理由，则一也。由动机之正否，而行为有善恶，故动机虚位也，非定名也。善亦一动机，恶亦一动机，理性亦然。理性者，推理之能力也。为善由理性，为恶亦由理性，则理性之但为行为之形式，而不足为行为之标准，昭昭然矣。惟理性之能力，为动物之所无，而人类之所独有，故世人遂以形而上学之所谓真，与伦理学之所谓善，尽归诸理之属性。不知理性者，不过吾人知力之作用，以造概念，以定概念之关系，除为行为之手段外，毫无关于伦理上之价值。其所以有此误解者，由“理”之一字，乃一普遍之概念故。此又前篇之所极论，而无待赘述者也。

1904年《教育世界》82号

原命

我国哲学上之议论，集于“性”与“理”二字，次之者“命”也。“命”有二义：通常之所谓“命”，《论语》所谓“死生有命”是也；哲学上之所谓“命”，《中庸》所谓“天命之谓性”是也。命之有二义，其来已古，西洋哲学上亦有此二问题。其言祸福寿夭之有命者，谓之定命论（Fatalism）；其言善恶贤不肖之有命，而一切动作皆由前定者，谓之定业论（Determinism）。而定业论与意志自由论之争，尤为西洋哲学上重大之事实，延至今日，而尚未得最终之解决。我国之哲学家除墨子外，皆定命论者也。然遽谓之定业论者，则甚不然。古代之哲学家中，今举孟子以代表之。孟子之为持定命论者，而兼亦持意志自由论，得由下二章窥之。其曰：

> 求则得之，舍则失之，是求有益于得也，求在我者也。求之有道，得之有命，是求无益于得也，求在外者也。

又曰：

> 口之于味也，目之于色也，耳之于声也，鼻之于臭也，四肢之于安佚也，性也，有命焉，君子弗谓性也。仁

之于父子也，义之于君臣也，礼之于宾主也，智之于贤者也，圣人之于天道也，命也，有性焉，君子弗谓命也。

前章之所谓“命”，即“死生有命”之“命”；后章之“命”，与“天命之谓性”之“命”略同，而专指气质之清浊而言之。其曰“命也，有性焉，君子不谓命也”，则孟子之非定业论者，昭昭然矣。至宋儒亦继承此思想，今举张横渠之言以代表之。张子曰：

形而后有气质之性，善反之，则天地之性存焉。故气质之性，君子有弗性焉。（《正蒙·诚明篇》）

通观我国哲学上，实无一人持定业论者，故其昌言意志自由论者，亦不数数觏也。然我国伦理学无不预想此论者，此论之果确实与否，正吾人今日所欲研究者也。

我国之言命者，不外定命论与非定命论二种。二者于哲学上非有重大之兴味，故可不论。又我国哲学上无持定业论者，其他经典中所谓命，又与“性”字、与“理”字之义相近。朱子所谓：“天则就其自然者言之，命则就其流行而赋于物者言之，性则就其全体而万物所得以为生者言之，理则就其事事物物各有其则者言之。到得合而言之，则天即理也，命即性也，性即理也。”而二者之说，已见于余之《释理》《论性》二篇，故亦可不论。今转而论西洋哲学上与此相似之问题，即定业论与自由意志论之争，及其解决之道，庶于吾国之性命论上，亦不无因之明晰云尔。

定业论者之说曰：吾人之行为，皆为动机所决定。虽吾人有时于二行为间，或二动机间，若能选择其一者，然就实际言之，不过动机之强者，制动机之弱者，而己之选择作用无与焉。故吾人行为之善恶，皆必然的。因之吾人品性之善恶，亦必然的，而非吾人自由所为也。意志自由论反是，谓吾人于二动机间，有自由之选择力，而为一事与否，一存于吾人之自由，故吾人对自己之行为及品性，不能不自负其责任。此二者之争，自希腊以来，永为哲学上之题目。汗德《纯理批评》之第三“安梯诺米”［按，Antinomie，二律背反］中所示正理及反理之对立，实明示此争论者也。

此二论之争论而不决者，盖有由矣。盖从定业论之说，则吾人对自己之行为，无丝毫之责任，善人不足敬，而恶人有辞矣。从意志自由论之说，则最普遍最必然之因果律，为之破灭，此又爱真理者之所不任受也。于是汗德始起而综合此二说曰：“在现象之世界中，一切事物，必有他事物以为其原因，而此原因复有他原因以为之原因，如此递衍，以至于无穷，无往而不发见因果之关系。故吾人之经验的品性中，在在为因果律所决定，故必然而非自由也。此则定业论之说，真也。然现象之世界外，尚有本体之世界，故吾人经验的品性外，亦尚有睿智的品性。而空间时间及因果律，只能应用于现象之世界，本体之世界则立于此等知识之形式外。故吾人之睿智的品性，自由的非必然的也。此则意志自由论之说，亦真也。故同一事实，自现象之方面言之，则可谓之必然，而自本体之方面言之，则可谓之自由。而自由之结果，得现于现象之世界中，所谓无上命法是也。即吾人之处一事也，无论实际上能如此与否，必有当如此不当如彼之感，他人亦不问我能如此否。苟不如此，必加以呵责，使意志而不自由，则吾人不能感其当然，他人亦不能加以责备也。今有一妄言者于此，自其经验的品性言之，则其原因存于不良之教育、腐败之社会，或本有不德之性质，或缺羞恶之感情，又有妄言所得之利益之观念，为其目前之动机，以决定此行为。而吾人之研究妄言之原因也，亦得与研究自然中之结果之原因同。然吾人决不因其固有之性质故，决不因其现在之境遇故，亦决不因前此之生活状态故，而不加以责备，其视此等原因，若不存在者。然而以此行为为彼之所自造，何则？吾人之实践理性，实离一切经验的条件而独立，以于吾人之动作中生一新方向。故妄言之罪，自其经验的品性言之，虽为必然的，然睿智的品性，不能不负其责任也。”此汗德之调停说之大略也。

汗德于是下自由之定义。其消极之定义曰：“意志之离感性的冲动而独立。”其积极之定义则曰：“纯粹理性之能现于实践也。”然意志之离冲动而独立，与纯粹理性之现于实践，更无原因以决定之欤？汗德亦应之曰：“有理性之势力即是也。”故汗德以自由为因果之一种。但自由之因果，与自然之因果，其性质异耳。然既有原因以决定之矣，则虽欲谓之自由，不可得也。其所以谓之自由者，则以其原因在我，而不在外物，即在理性而不在外界之势力，故此又大不然者也。吾人所以从理性之命令，而离身体上之冲动而独立者，必有种种之原因。此原因不存于现在，必存于过去；不存于个人之精神，必存于民族之精神。而此等表面的自由，不过不可见之原因战胜可见之原因耳。其为原因所决定，仍与自然界之事变无以异也。

叔本华亦绍述汗德之说，而稍正其误，谓动机律之在人事界，与因果律之在自然界同。故意志之既入经验界，而现于个人之品性以后，则无往而不为动机所决定，惟意志之自己拒绝或自己主张，其结果虽现于经验上，然属意志之自由。然其谓意志之拒绝自己，本于物我一体之知识，则此知识，非即拒绝意志之动机乎？则自由二字，意志之本体，果有此性质否？吾不能知。然其在经验之世界中，不过一空虚之概念，终不能有实在之内容也。

然则吾人之行为，既为必然的而非自由的，则责任之观念又何自起乎？曰：一切行为，必有外界及内界之原因。此原因不存于现在，必存于过去；不存于意识，必存于无意识。而此种原因，又必有其原因，而吾人对此等原因，但为其所决定，而不能加以选择。如汗德所引妄言之例，固半出于教育及社会之影响，而吾人之入如此之社会，受如此之教育，亦有他原因以决定之。而此等原因，往往为吾人所不及觉。现在之行为之不适于人生之目的也，一若当时全可以自由者，于是有责任及悔恨之感情起。而此等感情，以为心理上一种之势力故，故足为决定后日行为之原因。此责任之感情之实践上之价值也。故吾人责任之感情，仅足以影响后此之行为，而不足以推前此之行为之自由也。余以此二论之争，与命之问题相联络，故批评之于此。又使世人知责任之观念，自有实在上之价值，不必藉意志自由论为羽翼也。

1906年《教育世界》127号

人间嗜好之研究

活动之不能以须臾息者，其唯人心乎。夫人心本以活动为生活者也。心得其活动之地，则感一种之快乐，反是则感一种之苦痛。此种苦痛，非积极的苦痛，而消极的苦痛也。易言以明之，即空虚的苦痛也。空虚的苦痛，比积极的苦痛尤为人所难堪。何则？积极的苦痛，犹为心之活动之一种，故亦含快乐之原质，而空虚的苦痛，则并此原质而无之故也。人与其无生也，不如恶生；与其不活动也，不如恶活动。此生理学及心理学上之二大原理，不可诬也。人欲医此苦痛，于是用种种之方法，在西人名之曰“To kill time”，而在我中国，则名之曰“消遣”。其用语之确当，均无以易，一切嗜好由此起也。

然人心之活动亦夥矣。食色之欲，所以保存个人及其种姓之生活者，实存于人心之根柢，而时时要求其满足。然满足此欲，固非易易也，于是或劳心，或劳力，戚戚睊睊，以求其生活之道。如此者，吾人谓之曰“工作”。工作之为一种积极的苦痛，吾人之所经验也。且人固不能终日从事于工作，岁有闲月，月有闲日，日有闲时。殊如生活之道不苦者，其工作愈简，其闲暇愈多，此时虽乏积极的苦痛，然以空虚之消极的苦痛代之，故苟足以供其心之活动者，虽无益于生活之事业，亦鹜而趋之。如此者，吾人谓之曰“嗜好”。虽嗜好之高尚卑劣万有不齐，然其所以慰空虚之苦痛而与人心以活动者，其揆一也。

嗜好之为物，本所以医空虚的苦痛者，故皆与生活无直接之关系。然若谓其与生活之欲无关系，则甚不然者也。人类之于生活，既竞争而得胜矣，于是此根本之欲复变而为势力之欲，而务使其物质上与精神上之生活超于他人之生活之上。此势力之欲，即谓之生活之欲之苗裔，无不可也。人之一生，唯由此二欲以策其知力及体力，而使之活动。其直接为生活故而活动时，谓之曰“工作”；或其势力有余，而唯为活动故而活动时，谓之曰“嗜好”。故嗜好之为物，虽非表直接之势力，亦必为势力之小影，或足以遂其势力之欲者，始足以动人心，而医其空虚的苦痛。不然，欲其嗜之也难矣。今吾人当进而研究种种之嗜好，且示其与生活及势力之欲之关系焉。

嗜好中之烟酒二者，其令人心休息之方面多，而活动之方面少。易言以明之，此二者之效，宁在医积极的苦痛，而不在医消极的苦痛。又此二者于心理上之结果外，兼有生理上之结果，而吾人对此二者之经验亦甚少，故不具论。

今先论博弈。夫人生者，竞争之生活也。苟吾人竞争之势力无所施于实际，或实际上既竞争而胜矣，则其剩余之势力仍不能不求发泄之地。博弈之事，正于抽象上表出竞争之世界，而使吾人于此满足其势力之欲者也。且博弈以但表普遍的抽象的竞争，而不表所竞争者之为某物（故为金钱而赌博者不在此例）。故吾人竞争之本能，遂于此以无嫌疑、无忌惮之态度发表之，于是得窥人类极端之利己主义。至实际之人生中，人类之竞争虽无异于博弈，然能如是之磊磊落落者鲜矣。且博与弈之性质，亦自有辨。此二者虽皆世界竞争之小影，而博又为运命之小影。人以执著于生活故，故其知力常明于无望之福，而暗于无望之祸。而于赌博之中，此无望之福时时有可能性，在以博之胜负，人力与运命二者决之，而弈之胜负，则全由人力决之故也。又但就人力言，则博者悟性上之竞争，而弈者理性上之竞争也。长于悟性者，其嗜博也甚于弈；长于理性者，其嗜弈也愈于博。嗜博者之性格，机警也，脆弱也，依赖也；嗜弈者之性格，谨慎也，坚忍也，独立也。譬之治生，前者如朱公居陶，居与时逐；后者如任氏之折节为俭，尽力田畜，亦致千金。人亦各随其性之所近，而欲于竞争之中，发见其势力之优胜之快乐耳。吾人对博弈之嗜好，殆非此无以解释之也。

若夫宫室、车马、衣服之嗜好，其适用之部分属于生活之欲，而其妆饰之部分则属于势力之欲。驰骋、田猎、跳舞之嗜好，亦此势力之欲之所发表也。常人之对书画古物也亦然。彼之爱书籍，非必爱其所含之真理也；爱书画古玩，非必爱其形式之优美古雅也。以多相炫，以精相炫，以物之稀而难得也相炫。读书者亦然，以博相炫。一言以蔽之，炫其势力之胜于他人而已矣。

常人对戏剧之嗜好，亦由势力之欲出。先以喜剧（即滑稽剧）言之。夫能笑人者，必其势力强于被笑者也，故笑者实吾人一种势力之发表。然人于实际之生活中，虽遇可笑之事然非其人为我所素狎者，或其位置远在吾人之下者，则不敢笑。独于滑稽剧中，以其非事实故，不独使人能笑，而且使人敢笑，此即对喜剧之快乐之所存也。悲剧亦然。霍雷士曰："人生者，自观之者言之，则为一喜剧；自感之者言之，则又为一悲剧也。"自吾人思之，则人生之运命固无以异于悲剧，然人当演此悲剧时，亦俯首杜口，或故示整暇，汶汶而过耳。欲如悲剧中之主人公，且演且歌以诉其胸中之苦痛者，又谁听之而谁怜之乎？夫悲剧中之人物之无势力之可言，固不待论。然敢鸣其苦痛者与不敢鸣其痛苦者之间，其势力之大小必有辨矣。夫人生中固无独语之事，而戏曲则以许独语故，故人生中久压抑之势力独于其中筐倾而篋倒之，故虽不解美术上之趣味者，亦于此中得一种势力之快乐。普通之人之对戏曲之嗜好，亦非此不足以解释之矣。

若夫最高尚之嗜好，如文学、美术，亦不外势力之欲之发表。希尔列尔既谓儿童之游戏存于用剩余之势力矣，文学美术亦不过成人之精神的游戏。故其渊源之存于剩余之势力，无可疑也。且吾人内界之思想感情，平时不能语诸人或不能以庄语表之者，于文学中以无人与我一定之关系故，故得倾倒而出之。易言以明之，吾人之势力所不能于实际表出者，得以游戏表出之是也。若夫真正之大诗人，则又以人类之感情为其一己之感情。彼其势力充实，不可以已，遂不以发表自己之感情为满足，更进而欲发表人类全体之感情。彼之著作，实为人类全体之喉舌，而读者于此得闻其悲欢啼笑之声，遂觉自己之势力亦为之发扬而不能自己。故自文学言之，创作与赏鉴之二方面亦皆以此势力之欲为之根柢也。文学既然，他美术何独不然？岂独美术而已，哲学与科学亦然。柏庚有言曰："知识即势力也。"则一切知识之欲，虽谓之即势力之欲，亦无不可。彼等以其势力卓越于常人故，故不满足于现在之势力，而欲得永远之势力。虽其所用以得势力之手段不同，然其目的固无以异。夫然，始足以活动人心而医其空虚的苦痛。以人心之根柢实为一生活之欲，若势力之欲故苟不足以遂其生活或势力者，决不能使之活动。以是观之，则一切嗜好虽有高卑优劣之差，固无非势力之欲之所为也。

然余之为此论，固非使文学美术之价值下齐于博弈也。不过自心理学言之，则此数者之根柢皆存于势力之欲，而其作用皆在使人心活动，以疗其空虚之苦痛。以此所论者，乃事实之问题而非价值之问题故也。若欲抑制卑劣之嗜好，不可不易之以高尚之嗜好，不然，则必有溃决之一日。此又从人心活动之原理出，有教育之责，及欲教育自己者，不可不知所注意焉。

1907年《教育世界》146号

中国哲学

老子之学说

第一章　传及著书

老子名儋，周之太史也，或云楚人，其出盖不可得而详云。江都汪氏中《老子考异》曰：

> 《史记·孔子世家》云：南宫敬叔与孔子俱“适周问礼，盖见老子云”。《老庄申韩列传》云：“孔子适周，将问礼于老子。”按，老子言行，今见于《曾子问》者凡四，是孔子之所从学者，可信也。夫助葬而遇日食，然且以见星为嫌，止柩以听变，其谨于礼也如是。至其书，则曰：“礼者，忠信之薄而乱之首也。”下殇之葬，称引周召、史佚，共尊信前哲也如是。而其书则曰：“圣人不死，大盗不止。”彼此乖违甚矣！故郑注谓古寿考者之称。黄东发《日钞》亦疑之，而皆无以辅其说。其疑一也。本传云：“老子，楚苦县厉乡曲仁里人也。”又云：“周守藏室之史也。”按，周室既东，辛有入晋（《左传》昭二十年），司马适秦（《太史公自序》），史角在

鲁(《吕氏春秋·当染》篇),王官之族或流播于四方。列国之产,惟晋悼尝仕于周,其他固无闻焉。况楚之于周,声教中阻,又非鲁郑之比。且古之典籍旧闻,惟在瞽史,其人并世官宿业,羁旅无所置其身。其疑二也。本传又云:"老子,隐君子也。"身为王官,不可谓"隐"。其疑三也。今按《列子》,《黄帝》《说符》二篇,凡三载列子与关尹子答问之语,而列子与郑子阳同时见于本书。《六国表》"郑杀其相驷子阳",在韩列侯二年,上距孔子之没,凡八十二年。关尹子之年世既可考而知,则为关尹著书之老子,其年世亦从可知矣。《文子·精诚》篇引老子曰:"秦楚燕魏之歌,异传而皆乐。"按,燕,终春秋之世,不通盟会。《精诚》篇称,燕自文侯之后,始与冠带之国。文公元年,上距孔子之没,凡百二十六年。老子以燕与秦楚魏并称,则老子已及见文公之始强矣。又,魏之建国,上距孔子之没,凡七十五年。而老子以之与三国齿,则老子已及见其侯矣。《列子·黄帝》篇载老子教杨朱事。《杨朱》篇:"禽子曰:'以子之言问老聃、关尹,则子言当矣;以吾言问大禹、墨翟,则吾言当矣。'"然则朱固老子之弟子也。子云:"端木叔者子贡之世也。"又云:"其死也,无瘗埋之资。"又云:"禽滑厘曰:'端本叔狂人也,辱其祖矣!'""段干生曰:'端木叔达人也,德过其祖矣!'"朱为老子之弟子,而及见子贡之孙之死,则朱所师之老子不得与孔子同时也。《说苑·政理》篇："杨朱见梁王，言治天下如运诸掌。"梁之称王，自惠王始。惠王元年，上距孔子之没，凡百十八年。杨朱已及见其王，则朱所师事之老子，其年世可知矣……由是言之，孔子所问礼者，聃也。其人为周守藏室之史，言与行则《曾子问》所载者是也。周太史儋见《秦献公本纪》，在献公十一年，去魏文侯之没十三年。而老子之子宗为魏将，封于段干。（《魏世家》：安厘王四年，魏将段干子请予秦南阳以和。《国策》：华阳军之战，魏不胜秦。明年，将使段干崇割地而讲。《六国表》：秦昭王三十四年，白起击魏华阳军。按，是时上距孔子之卒凡二百一十年。）则为儋之子无疑。而言道德之意五千余言者，儋也。其入秦见献公，即去周至关之事。本传云"或曰，儋即老子"，其言韪矣。至孔子称老莱子，今见于太傅礼《卫将军文子》篇。《史记·仲尼弟子列传》亦载其说，而所云"贫而乐"者与"隐君子"之文正合。老莱子之为楚人，又见《汉书·艺文志》，盖即"苦县厉乡曲仁里"人也。而老聃之为楚人，则又因老莱子而误。故本传：老子语孔子："去子之骄气与多欲，态色与淫志。"而《庄子·外物》篇则曰：老莱子谓孔子"去汝躬矜与汝容知"。《国策》载老莱子教孔子语，《孔丛子·抗志》篇以为老莱子语子思，而《说苑·敬慎》篇则以为常枞教老子。然则老莱子之称老子也旧矣。实则三人不相蒙也。若《庄子》载老聃之言，率原于道德之意，而《天道》篇载“孔子西藏书于周室”，尤误后人。“寓言十九”，固已自揭之矣。

其与汪氏之说相反对者，则有仪征阮氏之说，谓老子本深于礼，以《曾子问》及《史记》“孔子问礼”观之，可知。其所以厌弃礼法者，则由暮年心理上之反动而然耳。此说虽属可通，然出于想象，不如汪氏之说之本于事实，为不可动也。

老子之书分上下二卷。自思想上观之，则此种思想经列子、庄子，一用于韩非，而再行于汉初，故其书之为古书，无可疑也。自文字上观之：（一）以书中多叶韵，足证其为古书；（二）以其并称“仁义”，似属孟子以后之作。然据《大戴记》《左传》，则曾子、左邱明已说“仁义”，不自孟子始。老子之生年距曾子、左邱明不远，则其兼称“仁义”，固其所也。又，此书文体简短纯一，为后人所插入者甚少，其为战国初期之书，当无疑义也。

第二章　形而上学

孔子于《论语》二十篇中，无一语及于形而上学者，其所谓“天”不过用通俗之语。墨子之称“天志”，亦不过欲巩固道德政治之根柢耳，其“天”与“鬼”之说，未足精密谓之形而上学也。其说宇宙之根本为何物者，始于老子。其言曰：

> 有物混成，先天地生。寂兮寥兮！独立而不改，周行而不殆，可以为天下母。吾不知其名，字之曰“道”。（《老子》第二十五章）

> 道冲而用之或不盈，渊兮似万物之宗。挫其锐，解

其纷，和其光，同其尘。湛兮似或存。吾不知谁之子，象帝之先。（第四章）

此于现在之宇宙外，进而求宇宙之根本，而谓之曰“道”。是乃孔墨二家之所无，而我中国真正之哲学，不可云不始于老子也。而试问此宇宙之根本之性质如何？老子答之曰：

道之为物，惟恍惟惚。惚兮恍兮，其中有象；恍兮惚兮，其中有物。窈兮冥兮，其中有精。其精甚真，其中有信。（第二十一章）

又曰：

致虚极，守静笃，万物并作，吾以观复。夫物芸芸，各复归其根。归根曰静，静曰复命，复命曰常。（第十六章）

以此观之，则老子之所谓“道”：惚也，恍也，虚也，静也，皆消极的性质，而不能以现在世界之积极的性质形容之。而恍惚虚静之道，非但宇宙万物之根本，又一切道德政治之根本也。曰：

昔之得一者：天得一以清，地得一以宁，神得一以灵，谷得一以盈，万物得一以生，侯王得一以为天下贞。其致之，一也。（第三十九章）

第三章　伦理政治论

宇宙万物无不相对者：天与地对，日与月对，寒与暑对，人与物对，皆相对的也。道者，宇宙万物之根本，无一物足与之相对者，故绝对的也。此老子所以称道为“一”者也。不独宇宙万物而已，人事亦然：有恶斯有善，有丑斯有美。故曰：

上德不德，是以有德；下德不失德，是以无德。（第三十八章）

又曰：

天下皆知美之为美，斯恶已；皆知善之为善，斯不善已。（第二章）

又曰：

大道废，有仁义；慧智出，有大伪。六亲不和有孝慈，国家昏乱有忠臣。（第十八章）

又曰：

唯之与阿，相去几何？美之与恶，相去何若？（第二十章）

故道德政治上之理想，在超绝自然界及人事界之相对，而反于道之绝对。故曰：

绝圣弃智，民利百倍；绝仁去义，民复孝慈；绝巧去利，盗贼无有。此三者，以为文不足，故令有所属，见素抱朴，少私寡欲。（第十九章）

又曰：

不尚贤，使民不争；不贵难得之货，使民不为盗；不见可欲，使民心不乱。（第三章）

其论有道者之极致，曰：

众人熙熙，如享太牢，如登春台。我独泊兮其未兆，如婴儿之未孩。儽儽兮若无所归，众人皆有余，而我独若遗。我愚人之心也哉！沌沌兮！俗人昭昭，我独

昏昏；俗人察察，我独闷闷。澹兮其若海，飂兮若无止。众人皆有以，而我独顽似鄙。我独异于人，而贵食母。（第二十章）

若人人之道德达此境界，则天下大治。曰：

小国寡民，使民有什伯之器而不用，使民重死而不远徙。虽有舟舆，无所乘之；虽有甲兵，无所陈之。使民复结绳而用之，甘其食，美其服，安其居，乐其俗。邻国相望，鸡犬之声相闻，民至老死不相往来。（第八十章）

此老子政治上之理想也。其道德政治上之理论，不问其是非如何，甚为高尚。然及其论处世治国之术也，则又入于权诈，而往往与其根本主义相矛盾。

其论处世术也，曰：

坚强者死之徒，柔弱者生之徒。（第七十六章）

其论治国也，曰：

将欲歙之，必固张之；将欲弱之，必固强之；将欲废之，必固兴之；将欲夺之，必固与之，是谓微明。柔弱胜刚强。鱼不可脱于渊，国之利器不可以示人。（第三十六章）

又曰：

古之善为道者，非以明民，将以愚之。民之难治，以其智多。故以智治国，国之贼；不以智治国，国之福。（第六十五章）

又曰：

以正治国，以奇用兵，以无事取天下。（第五十七章）

程伊川谓："老子书，其言自不相入处，如冰炭。其初意欲谈道之极元妙处，后来却做入权诈上去。"可谓知言者矣。

1906年4月《教育世界》122号

孔子之学说

叙论

伦理学者，就人之行为以研究道德之观念、道德之判断等之一学科也。为人间立标准，定价值，命令之，禁止之，以求意志之轨范，以知人间究竟之目的，即如何而可至最善之域是也。故此学乃研究道德之学理者，知的而非实践的也。知与实行有别，知学理者不必能实践之，不知学理者或能实践之。盖以学理为知，实践关于意志故也。伦理学与实践道德之殊别如此。然若云伦理学纯为知的，故不能实践，是语亦未免太过。何则？由纯正之智识，知完全之学理，则可为实行之指导，达所欲至之目的地，其裨益岂浅鲜哉？故学理与实践当相伴而不相离，实践之先不可不研究学理也。

泰西之伦理，皆出自科学，惟骛理论，不问实行之如何；泰东之伦理，则重修德之实行，不问理论之如何。此为实行的，彼为思辨的也。是由于东西地理及人种关系之异，又其道德思想之根本与道德的生活之状态亦异，故有此差别也。夫中国一切学问中，实以伦理学为最重，而其伦理学又倾于实践，故理论之一面不免索莫。然吾人欲就东洋伦理根本之儒教，完全第一流之道德家孔子之说，于知识上研究之，亦非全不可能也。然儒家之伦理说以行为主，即最实践者，故欲以科学之方法研究之，自极困难。但欲为此种研究，不得不先述中国先秦之二大思潮焉。

周末时之二大思潮，可分为南北二派。北派气局雄大，意志强健，不偏于理论而专为实行；南派反之，气象幽玄，理想高超，不涉于实践而专为思辨。是盖地理之影响使然也。今吾人欲求其例，则于楚人有老子，思辨之代表也；于鲁人有孔子，实践之代表也。孔子之思想，社会的也；老子之思想，非社会的也。老子离现实而论自然之大道，彼之"道"超于相对之域而绝对不变，虽存于客观，然无得而名之。老子以此"道"为宇宙一切万象之根本原理，故其思辨也，使一切之现象界皆为于相对的矛盾的之物而反转之。如"知其雄，守其雌""知其白，守其黑""知其荣，守其辱"；或云"有"，或云"无"，或云"盈"，或云"虚"，或云"强"，或云"弱"：皆为相对之矛盾观念。常保消极以预想积极者也，故其伦理及政治思想专为消极主义。慕太古敦朴之政，而任人性之自然，以恬淡而无为为善。若自其厌世的立脚地观之，则由激于周季之时势，愤而作此激越非社会的之言者也。孔子则反之，综合尧舜三代先王之道而组织之，即欲依客观之礼以经纶社会也。至其根本原理则信天命，自天道绎之而得"仁"，即从"天人合一"观以立人间行为之规矩准绳。故孔子者，北方雄健之意志家也；老子者，南方幽玄之理想家也。

继彼幽玄之理想者为列子，列子之后有庄子；发挥此雄健之意志者有子思、孟子、荀子。要之，儒与道之二大分派，对立于先秦之时，而传其二大思潮于后世。此外尚有墨翟唱“兼爱”功利之说，似儒家；杨朱唱利己快乐说，似道家；鹖冠子为折衷派；韩非子为法家等。诸子百家之说，纵横如云，灿然如星，周末之文华极一时之炳耀。是盖因成周封建政体之坏颓，唤起各人思想界之自由，洵可谓之为希世之壮观也！

老庄之说，通行于两汉，至魏晋而大盛，其弊流于清谈，以任放旷达自喜，或作为神仙说，经六朝至唐时复大盛，至追谥老子为太上玄元皇帝。然而当汉之末也，佛教侵入，经三国至六朝之际，至于梁而最盛。其势力之伟大渐驾儒道而上之。入隋，遂有唱三教一致论者。其后复大盛于唐，经宋元明至今焉。

儒教因汉武帝之奖励，出董仲舒，而继先秦之思潮，回复秦火之厄。至西汉之末有扬雄者，合儒与道，立一家言。六朝之际，儒为佛老所抑。至隋有王通，用之作策论。有唐一代，唯韩愈一人维持之。经五代至宋，复勃然而兴，几有凌先秦儒家而上之之势。即北宋时二程子唱“性命穷理”说，南宋时经朱子手而大成，作“理气”论。同时有陆象山之“心即理”说。入明，而为王阳明之“知行合一”说。其后至国朝，考证学大行。故中国亘古今而有最大势力者，实为儒教。国家亦历代采用之。何则？儒教贵实践躬行，而以养成完全之道德政治家为目的，而有为之人才亦皆笼罩于此中故也。

孔子者，“述而不作，信而好古”，实践躬行之学者也。上至三皇五帝，下至夏殷周诸圣贤之学说，无不集合而组织之，以大成儒教。其圆满之德如春，深渊之智如海。又多才艺，至其感化力之伟大，人格之完全，古今东西，未见其比。其说主好古实践，故欲研究之者，当先研究夫子所研究之《诗》《书》《易》《礼》等古书，及夫子之遗书《大学》《论语》《孝经》，子思之《中庸》，孟子之书等，以考察其说。夫子晚年所最研钻者为《易》，读之"韦编三绝"。虽有谓《易·十翼》非孔子之作者，然余欲述孔子之形而上学，姑引用而论断之。

第一章　天道及天命

儒家"天道""天命"之天之观念，其意义有数种，今分之为有形之天、无象之天二者，更分无象之天为主宰之天、自然之理法、宇宙之本原及命四者。"天道"云者，乃自然理法宇宙本原之活泼流行之原动力也；"命"者，则其实现以分诸人者也。

第一节　有形之天

苍苍者天，茫茫者天，悠悠者天，无涯无际，日月星辰森然罗列，以运行焉，以代谢焉。岳岳者地，漠漠者地，草木繁荣，禽兽滋殖，其广也载华岳而不重，其厚也振河海而不泄。天地上下之间，风霜雨露，一阴一阳以为消长，一寒一暑以为往来，参差交错，变化而无穷者，是形体之天也。

《诗》曰："悠悠苍天""彼苍者天""谓天盖高，不敢不局；谓地盖厚，不敢不蹐""倬彼云汉，昭回于天""鸢飞戾天”等。

《论语》:“巍巍乎唯天为大。”

《易》: 上《彖》传:“日月丽乎天。”下《彖》:“日月得天而能久照。”《系辞》:“天尊地卑，乾坤定矣。”“在天成象，在地成形。”

是皆言形体之天也。

第二节 无象之天

一、主宰之天

前所言有形之天，惟为形体者，今所言无象之天，则为思索者，故最不可不研究之。

主宰者，谓一神灵之物，管理命令一切万物之义也。如上帝、皇天、神、造物主等，皆为神秘不可知者也。

当太古蒙昧之时，人人概为感想的，而智识尚未发达，故现象界有变化，见风雨、电雷、日月蚀、星异、地震等时，忽生恐惧之念，遂以为天有一种人间以上之不可思议之灵力，因畏之敬之，至欲避之。其弊遂陷怪诞迷罔，至惴惴然以礼拜形体。盖知天之神秘，实自天地之形体始。故古人之神秘感想，至此遂将无象之主宰力与形体同一视之，此所以崇拜形体之天者也。无论何国之民，其原始时代莫不如是。今吾先论天之观念，然后再论自然之理法、宇宙之本原等。主宰之天之证如左:

《书经·益稷》:“禹曰:‘安止汝，惟几惟康，其弼直，惟动丕应徯志，以昭受上帝，天其申命用休。’”

又，《泰誓》："惟天地，万物父母。"

又，"敢用玄牡，敢昭于上天神后。"

《太甲》："先王顾諟天之明命，以承上下神祇，社稷宗庙。"

又，"皇天眷佑有商，使嗣王克终厥德。"

《金縢》："秋，大熟，未获，天大雷电以风，禾则尽偃，大木斯拔，邦人大恐。"

《易》："自天佑之，吉，无不利。"

主宰之例证甚多，散见于《书》《易》等古书中。至有灵感想之天，则散见于《尚书》中。自然法之天，则尤多见于《周易》中。

孔子对是等感想的感念，于知识上思惟之，此孔子伦理说之渊源，且其观念之所以高远者也，

二、自然之理法与宇宙之本原

浩浩乎无涯无际之天地间，气化生生流行不息，一切之现象界，皆被时间空间之二形式与原因结果之律此三者所管理者也。

时间者，谓统一切现象之变化，而一切现象于其中，自一状态而变为他状态，能无限分截之延长之之谓也；空间者，谓一切现象物于其中，常在及继在且俱在者，亦可以无限分截之延长之。至是二者之异，则空间为俱在，时间唯继起。今若唯有时间而无空间，则物之俱在决不得证明之。何则？盖空间离俱在，即不能存在；既无俱在，则无常在、继在之理；常在、继在而不存在，则无充塞时间中之物，故时间自身亦不能自进行经过也。若

反之，唯有空间而无时间，则物之继起决不能证明之。既无继起，则物之俱在不得而知之。何则？盖客观之常在，对于俱在之中之变化而言之，即与继在、俱在相对者也。因继起之变化，乃知常在之不变化；因常在之不变化，乃知继起之变化。无继起之变化，即不能知常在之不变化；无常在之不变化，则不能知继起之变化。要知此二者，吾人自思想上之论理见之。见虽相同一，然若继起之时间既消灭，则物象变化之思想亦消灭，现象界毕竟归于虚无，空间不能据自身证其俱在也。故时间之继起，空间之俱在，其特性虽大相异，然皆不能相离，若相分离，则现象界之事尽虚无迷妄，遂不可解。故知两者之相关，直不可须臾离也。此两者合而为一，即为吾人之悟性，以应用原因结果之律，是彼叔本华氏之卓论也。吾人今当更进一步，以考察因果律之如何。

在客观界经验之实体，呈错综之状态。其状态决非始终不动者，而或生或灭。彼等因其生灭之状态相连络，不问如何，必无有单独自存者。盖彼等悉因其前后之事实，以受规定，互相倚赖。今若于客观界中生一状态，则先之者必有他状态，然后新状态始生。又若其前之状态尚存，则次生之新状态必不能起。此新旧相继之现象，是曰继起。故此等状态，因继续而生者，皆有相互之关系。其始生之状态，吾人名之曰原因，后起者名之曰结果。故结果者决不能存在于其生来以前，纯然为一新状态。盖结果之名，即由此前之原因而始生，故结果之生，变化也。所谓结果原因之规律者，则即关于此变化之规则，即所以管理之之理法也。此律之唯一应用之范围，唯在变化。此而有一结果，则已示变化之存在；此而有一变化，则已示原因。而凡一切原因，又不可无共于其原因之原因，盖于时间继起之原因结果，相连续而发生，是谓之连锁。

既如上说，则因果律者，乃一状态变而为他状态时必然之理法也。因时间上之异，而名前者为原因，后者为结果。而吾人当论自然之理法之天道时，所得于叔本华氏者，岂浅鲜哉！

夫一切之生灭变化恍惚无常者，皆吾人经验之客观现象界所在之状态也。因果律之继起存在，虽前已详言之，然而因果律虽为行于现象界之法则，然应用此律之原理究如何乎？康德氏之说曰：吾人之知识，惟存于现象界中，不能入本体界也。彼于“纯理二律相背论”中云：宇宙不可无第一原因，又第一原因非实在。盖一论现象界，而一预想现象界以外之物者也。叔本华氏之意与之同，以为无第一原因。然叔氏谓存于现象界之变化外者，尚有物质与物力。物质者，为一切变化发生之根本，不为变化所侵，不增不减者也。物力者，已不变化，而能使一切变化，不增不减者也。是二者，超然于时间空间以外。此外，叔氏又说世界之本体之意志是盲目的冲动，而使现象界发现之根本力，又超绝时间、空间、因果律，而为绝对无差别之物也。要之，物质与物力乃生原因结果之原子，而意志则统一切万有，而使之发现之大活力，即世界之本体也。

孔子亦以宇宙间一切现象，自时间、空间、因果律三者规定之，是实千古之卓识，而与叔本华氏稍相合也。

仰视茫茫之宇宙，则见一切之现象界，皆以一定不易之法则行于其间。如日月之代谢，昼夜之变迁，四时之推移，风雨霜露云雾雷电等皆然也。又如禽兽、虫鱼、草木、人类等之有雌雄二性者，无一非相对的法则之消长。是法则即《易》所云之“阴阳二气”。阴阳二气进动，则于时间中生万物；其静止也，则于空间中见物象。自其进动之方面，即自时间上观之，时必不可无变化，是即因果律之所由生也。故孔子以一切现象世界为阴阳二气之流行，即阳动而阴静，以为盈虚消长、新陈代谢、变化无穷，因果律即自行于其中。统括是等之原理，即为“天道”，即“理”。“理”为充满宇宙之生生活泼的本原，超绝一切之现象界，而管理流行于一切现象间之阴阳二气等，而亘永久而不变不灭者也。若自流行于一切之现象界观之，是名“天道”，即自然之理法。自其超绝一切现象界，统括管理此等之力观之，即名“天理”，即宇宙之本原，故《易》曰：

易有太极，是生两仪，两仪生四象。

《彖》辞曰：“大哉乾元！万物资始，乃统天，云行雨施，品物流形。”

天行健，君子以自强不息。

一阴一阳之谓道。

生生之谓易。

“太极”谓无差别的始原也。“乾元”谓天之原理。“云行雨施”“一阴一阳”“生生”等，谓之自然。所谓“天行健”者，合自然之理法与宇宙之本原相言之也。又《论语》曰：

逝者斯如夫，不舍昼夜！

言自然之理法生生而无间也。

《论语》："子贡曰：'子如不言，则小子何述焉？'子曰：'天何言哉？四时行焉，百物生焉，天何言哉？'"

《礼记·哀公问》："哀公曰：'敢问君子何贵乎天道也？'孔子曰：'贵其不已，如日月东西相从而不已也，是天道也；无为而成，是天道也；已成而明，是天道也。'"

是等皆言自然与原理者也。

《中庸》："诚者，天之道也；诚之者，人之道也。诚者不勉而中，不思而得，从容中道，圣人也。诚之者，择善而固执之者也。"

子思自孔子之说出，故更进一步，以"诚"为宇宙万有之根本的原理，而宇宙之万有则自此本体所发现之现象也。万有从本体发现为"高明""博厚"二形式。高明为天，有继起性，即时间的也；博厚为地，有延长性，即空间的也。合而为一，则无限无穷，经"悠久"而不已。

今以《易》理、叔本华氏之说互相比较，则其原理虽大有径庭，然叔氏之物质、物力与《易》之阴阳二气，皆使物变化之本质或动力在其变化以外，则二者之说相似也。此外，因果律为伴一切变化之法则，故有变化即有因果律。孔子虽不说此，然儒之"天理"，子思之"诚"，叔本华之"意志"，皆为宇宙之本原，发现万有之一大活动力，固不甚相异也。

若夫老子之“道”为“恍兮惚兮”“窈兮冥兮”，绝对的自然之道，与斯披诺若之一元的“理”相似。若自彼所云“有物浑成，先天地生”观之，则万物开发之本体，皆恒久不变者。故曰“名，无可名。无名，天地之始；有名，万物之母”也。何则？若云“无”，则已与“有”相对，故曰此道无可名，而静寂自然，绝对无差别的也。一切之规定皆法此静寂自然之化。《易》哲理反之，以“生生”为活泼进动的，一切之人间行为则之，是实其大异之所存也。

以上自然之理法皆依据于《易》者。是书孔子尝极力研究之，故得视为夫子之思想。然孔子为实践躬行者，故据最可凭信之《论语》观之，则可以明道德为人之先天的自然。故于下“有命说”中，当引《论语》为证。

三、有命说

于上章既略论孔子以前之“天”之观念，孔子于《易》，但言“天道”，但其实在本人性之自然以立“人道”，故略说人道之本源之天道耳。故《论语》曰：“子罕言利，与命，与仁。”又曰：“夫子之言性与天道，不可得而闻也。”则其置重人道，而不详言高远之天道可知。“命”者何？自然之理之实现，而分配于人之运命也。孔子以此“命”为“知的”“情的”。“知的”务主言自然之理，“情的”兼理法与主宰而言之。二者易混，欲详细别之，至难也。今引二三例以示其别。

《论语·为政》：“四十而不惑，五十而知天命。”

《尧曰》：“不知命，无以为君子也。”

《里仁》："朝闻道，夕死可矣。"

观此诸说，则命由于智识，而为自然之理也。（是言道德观念之本原为天，而天即自然也。）又从情上观之如左：

《论语·雍也》："伯牛有疾，子问之，自牖执其手，曰：'亡之，命矣夫！'"

《先进》："颜渊死，子曰：'噫！天丧予！天丧予！'"

《宪问》"公伯寮愬子路于季孙"节："道之将行也与，命也！道之将废也与，命也！公伯寮其如命何！"

《雍也》："子见南子，子路不悦。夫子矢之曰：'予所否者，天厌之！天厌之！'"

《述而》："天生德于予，桓魋其如予何！"

《子罕》："子畏于匡，曰：'文王既没，文不在兹乎！天之将丧斯文也，后死者不得与于斯文也！天之未丧斯文也，匡人其如予何！'"

《八佾》："获罪于天，无所祷也。"

《季氏》："君子畏天命，小人不畏天命。"

此等其中皆含有感激悲愤之意，故知为情也。然元本为理，而发为情，故决非迷妄的感想。征彼之"不语怪力乱神"，则孔子之遵道理明矣。但信念本为感情的，故在自然之理法中，亦与主宰的之思想相混同。

盖孔子由知，究理，依情，立信念。既立之后，以刚健之意志守之，即知情意融和，以为安心立命之地，以达"仁"之观念。盖"仁"与"天"即"理"，同为一物。故孔子既合理与情，即知道，知体道，又信之以刚健之意志，保持行动之，是以于人间之运命，死生穷达吉凶祸福等，漠然视之，无忧无惧，悠然安之，唯道是从，利害得丧，不能撄其心，不能夺其志。是即儒教之观念所以高洁远大，东洋之伦理之所以美备也。

《论语·雍也》：“谁能出不由户？何莫由斯道也？”

又《里仁》：“富与贵，是人所欲也，不以其道得之，不处也；贫与贱，是人之所恶也，不以其道得之，不去也。”

《述而》：“富而可求也，虽执鞭之士，吾亦为之；如不可求，从吾所好。”

《学而》：“子贡曰：‘贫而无谄，富而无骄，何如？’子曰：‘可也，未若贫而乐，富而好礼者也。’”

《里仁》：“不仁者，不可以久处约，不可以长处乐。仁者安仁，知者利仁。”

《述而》：“子曰：‘饭疏食饮水，曲肱而枕之，乐亦在其中矣。不义而富且贵，于我如浮云。’”

《子罕》：“岁寒然后知松柏之后凋也。”

《颜渊》：“爱之欲其生，恶之欲其死。既欲其生，又欲其死，是惑也。”

《子路》：“子曰：‘不怨天，不尤人，下学而上达，知我者其天乎！’”

不为显荣利达所束缚，知斯道，安斯道，乐天知命，故其胸襟如光风霁月，其德行则圆满潇洒也。

要之，理想与实际往往冲突龃龉，而人间之运命又有善恶。故人言善人不必得幸福之运命，恶人不必得悲惨之运命，行德者不必得福，不德者不必罹祸。实亦不然。须视其时代境遇如何，不能一定也。如孔孟之坎坷穷厄，苏格拉底、基督之惨死，颜渊之夭，盗跖之寿，始皇之暴戾，曹孟德司马昭之逆，克林威尔之悖理，或如楠正成，或如足利尊氏等。征诸古今之例，有大德之人尝悲惨，大不德之人常侥幸，成败利钝，洵不可以一定也哉！

人本来有自由意志，故人间之运命，皆因人为之如何而如何耳。盖运命者，皆因其时代之趋潮，其人之门阀、境地、才识、技俩等以为变迁者也。若时有大豪杰出，虽能自造运命，然自然之因果律常干涉之，终至不得伸张其自由意志也。盖有一原因，必有一结果，一结果后，或为他原因而复生他结果。故社会之事，复杂错综，个人之力终不得不受一制限。故前所述时代、身干、境地、才识等数者相一致，则得幸运。若此中有不一致之处，则不免于不幸，是实运命之所以不定者也。故于某度意志得以自由，至此以上，亦不得不遵自然之理法。故孔子欲遵道理，即顺自然之理法，实行吾意志之可成则为善，不可能则守其分。可以进则进，可以退则退；可以行则行，可以止则止；可以取则取，可以舍则舍。一切如道理而行之，此孔子之“任天主义”也。

盖孔子明知道德为善，遵之行之，人人必受幸福。然世有盛衰，社会有污隆，行道德者不必获福，故依道德以立命安心。此孔子所以执“自由意志说”与“宿命论”之中庸，即所谓“有命说”是也。

自由意志论者，以人间意志本自由，不受如运命之规定之限制，唯由人力主张之者也。宿命论反之，以宇宙万物一切皆天之所命，而皆受其限制，虽人间之意志，决不能自由。人间之运命既定于先天，而人力之所无如何者也，故不如各安其分。是最极端之说，而与今日进化之理法决不相容者也。若一切从宿命说，则流于保守退步，志气委靡，遂不能转其境地。《论语》子夏谕司马牛曰：“商闻之：死生有命，富贵在天。”往往有解为极端之宿命说者，然是决非孔子之意。顺当生之道而生，顺当死之道而死，是自然也；顺道而得富贵则善，不得则从吾所好而安命，是亦自然也。孔子之有命说，当如此解。然若从宿命说，死生既于先天中定之，富贵亦从先天中定之，毕竟后天之人力归于无用，不得不陷于委靡也。

人间自由意志论，虽为今日最有力之进取的说，但失之极端，亦非无弊也。其弊则以意志能自由，为善亦能自由，为恶亦自由。故至争名趋势以陷于变诈虚妄，而不能安于吾之素位。龌龊卑鄙，逐世之潮流以为浮沉，是洵不知自己之力欲造运命而却漂没于世之潮流者，故青年血气之人，不可不反省也。

比较前所言，则孔子之说既非极端之宿命说，亦非极端之自由说，盖居于此二者之间，尽吾人力，即顺自然理法之道以行动云为者也。即可进则进，若不能则已，安吾素以乐吾道，极平和之说也。然而后世腐儒等，不能知生生的进化，唯以保守的解释之，亦非夫子之旨也。

不知儒教有一种之功名的活气。《论语》云："去仁，恶乎成名？"又云："君子疾没世而名不称焉。"据此即足以知彼现实功名的之意志矣。

要之，孔子之命，即任天主义。深信自然之理，养绝对之观念，遵一切道理之动静，不问死生、穷达、荣枯、盛衰等，纯反于愦愦之功利快乐主义，故于道德实践上大有价值也。

第三节 "天人合一"与"仁"之观念

吾人于前章既略解"天"之观念，自《易》之哲学说明自然之理法，今当述"天人合一"与"仁"之观念。

据《易》之说，则基天地之二大法则，以立人道，而说仁义之道德律。

> 《说卦》曰："昔者圣人之作《易》也，将以顺性命之理。是以立天之道，曰阴与阳；立地之道，曰柔与刚；立人之道，曰仁与义。兼三才而两之。"
>
> 又，《系辞》："《易》之为书也，广大悉备。有天道焉，有人道焉，有地道焉。"

由是等观之，仁配阴柔，义合阳刚，准据天地之自然的法则以立人道，即仁义。然从此说，则仁义毕竟为客观的、他律的。故当更进一步如左。

> 一阴一阳之谓道，继之者善也，成之者性也。仁者见之谓之仁，知者见之谓之知。

阴阳为天地间自然流行之气，化万物成其性，在人则成男女性，自然有道德的性故。

《序卦》："有天地然后有万物，有万物然后有男女，有男女然后有夫妇，有夫妇然后有父子，有父子然后有君臣，有君臣然后有上下，有上下然后礼义有所错。"

即言从自然之作用以生成道德，而为客观之次序。

《系辞》："天地设位，而易行乎其中矣，成性存存，道义之门。"

又，《说卦》："和顺于道德而理于义，穷理尽性以至于命。"

《文言》："夫大人者，与天地合其德，与日月合其明，与四时合其序，与鬼神合其吉凶。先天而天弗违，后天而奉天时。天且不违，而况于人乎？况于鬼神乎？"

天地间自然之气化流行，生生化化，行于其间，成自然之性。性之根原即天，究理则知性，知性即知天，是为宋儒性命穷理说之渊源。天人合其德，至此成所谓《易》之"天人合一"观。今再进一步，论他书中之合一观。

《诗》："天生蒸民，有物有则。民之秉彝，好此懿德。"

《中庸》："天之生物，必因其材而笃焉。"

又，"诚者，天之道也；诚之者，人之道也。诚者，不勉而中，不思而得，从容中道，圣人也。诚之者，择善而固执之者也。"

《诗》言德性为先天的。《中庸》之“诚”即天人合一之观念，而宇宙之根本的活动力也。子思演绎之曰：

天命之谓性，率性之谓道，修道之谓教。

又，自诚明，谓之性；自明诚，谓之教。诚则明矣，明则诚矣。唯天下至诚为能尽其性，能尽其性则能尽人之性，能尽人之性则能尽物之性，能尽物之性则可以赞天地之化育，可以赞天地之化育，则可以与天地参矣。

吾人之道德性自先天有之，决非后天者也，故宇宙之根本原理之绝对的“诚”，能合天人为一。天道流行而成人性，人性生仁义。仁义在客观则为法则，在主观则为吾性情。故性归于天，与理相合。天道即诚，生生不息，宇宙之本体也。至此儒教之天人合一观始大成。吾人从此可得见仁之观念矣。

《系辞》：“天地之大德曰生。”又，“生生之谓易。”

夫“仁”为平等、圆满、生生、绝对的之观念。自客观的观之，即为天道，即自然理也，实在也；自主观的解之，即具于吾性中者也。其解虽有异，至究竟则必须此两者合而为一，始能至无差别绝对之域。故仁之观念为生生的理，普遍于万物，不能为之立定义也。

《论语》：“天何言哉？四时行焉，百物生焉，天何言哉？”

言自然的即无意识的理法之活动也。又云：

吾道一以贯之。

融合天人，以“仁”贯之，其欲达之之方法则为“忠恕”。忠尽我心，恕及于人之道，是为社会的仁之发现。能超然解脱，悠然乐者，即得达此仁之理想之人。安心立命之地，皆自此理想把持之。

《论语》："'莫春者，春服既成，冠者五六人，童子六七人，浴乎沂，风乎舞雩。咏而归。'夫子喟然叹曰：'吾与点也！'"

顺应自然之理法，笃信天命，不为利害所乱，无窒无碍，绰绰裕裕，浑然圆满，其言如春风和气。吾人至此，能不言夫子"仁"之观念为最高尚远大者乎？

孔子知致物格，经五十年而后始"知天命"，以达此绝对的"仁"之观念。抑绝对者，何谓也？绝对云者，超乎相对或差别之境，以抵不变不灭之域，必无我自然，始能至之，此理想的天，即仁之观念。达此境地时，中心浩瀚，无所为而行者无不合于道。

《子罕》："颜渊喟然叹曰：'仰之弥高，钻之弥坚，瞻之在前，忽焉在后。''欲罢不能，既竭吾才，如有所立，卓尔，虽欲从之，末由也已！'"

《述而》："子谓颜渊曰：'用之则行，舍之则藏，惟我与尔有是夫！'"

其理想之高远，能因用舍行藏之时，权变自在，斯可谓智德圆满无碍，而行为亦无凝滞也矣。孟子曰"可欲之谓善，有诸己之谓信，充实之谓美，充实而有光辉之谓大，大而化之之谓圣，圣而不可知之之谓神"，即是也。

以上综合主宰、自然本原等天之观念，与天人合一，与仁之观念言之。而孔子之形而上学根本观念既终，今更进一步，而于下章论孔子之伦理说。

第二章　道德之标准

第一节　社会之仁

人之生于此世也，各依其目的而动。惟其目的有大小，小者为大者所包括，大者又为更大者所包，由此递进，其究竟之目的果何在乎？

人本社交的动物，自有道德的本性，与其他互相倚赖关系以立社会，故其行亦互有影响。自已意志受社会意志之制裁，以生个人与社会、社会与国家、君臣父子夫妇长幼朋友男女贵贱亲疏等错杂之关系。于是遂有道德律以规定人间之行为，而达正确圆满之目的地者，惟道德能之。行为之合于道德则善，反于道德则恶。故人间究竟之目的，在据纯正之道理，而修德以为一完全之人。既为完全之人，则又当己立立人，己达达人，人己并立，而求圆满之幸福。所谓人生之目的不过如是而已。

就人间行为之判断，于西洋有动机论、结果论二派。动机论者，行为之善惟在动机之纯正耳，结果之如何，非所顾也。结果论者，日日行为之结果善，则其行为亦善，动机之如何，可不问也。前者为直觉派，后者为功利派。儒学直觉派也。然自今日之伦理学上观之，则前二说皆有所偏倚，即非动机、结果二者皆善，不足为完全无缺之行为。然东洋之伦理说，惟取动机不顾结果之处亦不少，如“杀身成仁”等是也。

孔子自天之观念演绎而得“仁”，以达平等圆满绝对无差别之理想为终极之目的。至其绝对的仁，则非聪明睿知之圣人，不易达此境。欲进此境，必先实践社会的仁。社会的仁，忠恕是也。故欲进绝对之境，不可不自差别之境进也。故仁自其内包观之，则为心之德，而包括一切诸德；然自其外延观之，则抽象的概念而普遍的形式也。此形式虽不变，其内容则因时与处而殊。故自特别观之，则名特别之仁；自普遍观之，则名普遍之仁。普遍之仁，为平等之观念，包括其他之礼义智信等；特别之仁为特别的狭义之仁，如“智仁勇”之仁是也。仁于主观，则为吾性情；仁于客观，则发现于社会，为礼义之法则。

一、普遍之仁

普遍之仁乃博大之观念为之，如忠恕、如博爱等，有总括社会广泛之意义，而礼义智孝弟忠信等皆包于此中。当其实现于社会上，则为礼为义为智为孝为弟为忠为信，仁之别也。曰孝曰弟者，事吾父兄尊长之仁也；曰忠曰信者，社交之仁。故爱先自吾家族以及他家族，观《论语》言孝弟“为仁之本”，可知即其根本自亲以及疏之义也。此仁之差别义也。

> 《中庸》曰：“天下之达道五，所以行之者三。曰君臣也，父子也，夫妇也，昆弟也，朋友之交也，五者天下之达道也。知仁勇三者，天下之达德也，所以行之者一也。”

是为孔子所述之五伦，曰：君臣之义，父子之亲，夫妇之礼，昆弟之序，朋友之信。知此五者，所谓“知”也；知此五者而体之，“仁”也；体此五者而行之，“勇”也。此五者又为仁义礼智信之五常，是等尽为仁之内容。而自其差别的方面观之，若普遍之仁则总括是等一切者也。

《论语·里仁》：“‘吾道一以贯之。’曾子曰：‘夫子之道，忠恕而已矣。’”

又，《雍也》：“夫仁者，己欲立而立人，己欲达而达人。”

《卫灵公》：“子曰：‘其恕乎！己所不欲，勿施于人。’”

《颜渊》：“子曰：‘爱人。’”

《学而》：“泛爱众，而亲仁。”

《公冶长》：“子曰：‘老者安之，朋友信之，少者怀之。’”

是皆说普遍之仁者也。

要之，孔子仁之观念，若自普遍言之，则为高远之理想；若自实际言之，则为有义礼智孝弟忠信等之别。以为应用之具，故能全达此等之义礼智孝弟忠信等，即为普遍之仁。

至达仁之法则，孔子因弟子之才力而作种种之说。于颜渊，则为“克己复礼”；仲弓，则曰：“出门如见大宾，使民如承大祭。”“己所不欲，勿施于人。”“在邦无怨，在家无怨。”等；司马牛，则曰：“‘仁者其言也讱。’曰：‘其言也讱，斯谓之仁已乎？’子曰：‘为之难，言之得无讱乎！’”樊迟，则曰：“仁者先难而后获，可谓仁矣。”皆自其人与时地而变化者。由是观之，则仁之内容毕竟非可一定言之明矣。故子曰："可与共学，未可与适道；可与适道，未可与立；可与立，未可与权。"

或人以孔子之仁爱，似英国之"爱他"说，是语吾人尚不可全以为然。如彼英人阿当斯密斯氏之"同情"，哈提孙氏［按，哈奇生］之"情操"，巴特拉氏之"良心"说等，均视为"爱他"之根原出于天性，遂以此为行为之标准，与孟子之"良心"说稍相类似。然孔子不明言人性之善恶，其仁之观念则从高大之天之观念出，其爱又复如前章所述，因普遍而生差别，故其根柢上已大相异。惟孔子重感情之处稍与彼说相似。今若必欲论孔子，则孔子为唱理性之直觉论者，自其克己严肃处观之，实与希腊斯特亚［按，斯多葛］学派及德之康德之说有所符合。盖孔子之说为合乎情、入乎理之圆满说也，其伦理之价值即在于此。

二、特别之仁

即狭义之仁论，达普遍之一部，或普遍之仁之方法者。如：

《论语·宪问》："仁者必有勇，勇者不必有仁。"又"仁者不忧，知者不惑，勇者不惧。"

《雍也》："知者乐水，仁者乐山。知者动，仁者静。知者乐，仁者寿。"

《中庸》："知仁勇三者，天下之达德也。"

等将知仁勇分为三者，各相对立，则非"普遍"可知。其言仁者安静，知者流动，勇者敢为，已异其用。故自知仁由知、行仁由勇观之，则仁究不属于知勇二者，故自差别之方面狭义解说之，为特别仁。

三、至善

孔子大理想之仁，非容易达之。欲达之者，宜先自卑近之差别渐进；欲自卑近渐进，当就个人之行为判别善恶；判别善恶，在致知格物。

> 《大学》曰："欲修其身者，先正其心；欲正其心者，先诚其意；欲诚其意者，先致其知；致知在格物。"又："物有本末，事有终始，知所先后，则近道矣。"

就致知格物而言之，朱子曰："欲致吾之知，在即物而穷其理也。盖人心之灵，莫不有知；而天下之物，莫不有理。惟于理有未穷，故其知有不尽也。是以大学始教，必使学者即凡天下之物，莫不因其已知之理而益穷之，以求至乎其极。至于用力之久，而一旦豁然贯通焉，则众物之表里精粗无不到也，而吾心之全体大用无不明矣。此之谓格物，此之谓知之至也。"是二者谓心有知悉万里之灵能，即理性，故穷客观的之物理，以扩大其知，以判别善恶。王阳明曰："致知者，致吾良知之所知；格物者，就吾意所发之事物，去其不正，而归于正；诚意者，良知与意念相一也。"要之，王阳明说良知判断善恶，纯为主观的；朱熹穷客观的物理以扩吾理性而判断善恶，即一行而一知，一简易而一繁衍是也。故各持一理，一基良心，一唱理性，是以其说之分离而不相入也。

从孔子之重行贵知处思之，则致知格物，可谓会此二说而一者。故自知之一面观之，则朱子之说是；自行之一面观之，则阳明之说近也。

人生究竟之目的，在遵道理以求完全圆满之幸福，故《大学》言究竟之目的，在“止于至善”。

知止而后有定，定而后能静，静而后能安，安而后能虑，虑而后能得。

“至善”即绝对善。“止至善”则定、静而安，是为终极之理想，即“仁”也。故仁为完全圆满之目的地。欲达此境域者，即以致知格物诚意修身为根本。故知孔子贵理性。

孔子以至善为终极标准，故一切之事之违仁者，皆为不善。是以：

《里仁》：“子曰：不仁者不可以久处约，不可以长处乐。”

又曰：“我未见好仁者，恶不仁者。好仁者，无以尚之；恶不仁者，其为仁矣，不使不仁者加乎其身。”

不仁，恶也，不时发动以破坏仁者也。故欲向仁，务避不仁之行动，是以致知格物修身诚意之必要也。

吾人可据是分孔子之说，为直觉、中庸、克己、忠恕等，而细论之。

（一）直觉说

吾人于前章说孔子之天人合一观，兹当论孔子之为直觉派。如前所论，孔子既说知与行之相关，又兼重理与情，后之学者往往自见解之如何而互相分离。今先就孔子之人性问题论。

孔子不就人性问题而论善恶，唯就行为而论善善恶恶。

《论语·阳货》：“性相近也，习相远也。”

是言谓人性本无善恶，唯因其习惯之如何，而为善为恶至相隔绝耳。又：

《卫灵公》："子曰：有教无类。"

谓人之善恶之别者，皆以习惯之故，有教育即可有善而无恶矣。又：

《季氏》："子曰：生而知之者，上也；学而知之者，次也；困而学之，又其次也。困而不学，民斯为下矣。"

谓人性有四品，故程朱即此而分为气质之性及理义之天性。孔子又论情之方面：

"《诗》曰：'天生蒸民，有物有则，民之秉彝，好此懿德。'孔子读之曰：'为此诗者，其知道乎！'"

谓人性好善，是为孟子性善论之根原。孔子于人性问题，不精细研究，故不言善恶，唯自其天人合一观而曰：

诚者，天之道也；诚之者，人之道也。

二者乃道德人中所自有者。又：

子曰："道不远人。人之为道而远人，不可为道。"

《论语·卫灵公》："人能弘道，非道弘人。"

是则无论何人，皆有先天的能性。更进一步，则《季氏》"生而知之者上也"，《雍也》"人之生也直，罔之生也幸而免"之说，皆可以证明。

第一条，备言人能直觉辨别是非善恶，但是非谓常人，谓睿智之圣人也。第二条，程子解"直"为"理"，而杨龟山以之为"情"。但孔子以为理与情并重，又因时与地而异。其"直"之解释，如“斯民也，三代之所以直道而行也”之解“直”为理，答叶公之问之“直”，则情也。故“人之生也直”之“直”，解之为“理”，或稍妥也。以上可知孔子为“贵理性之直觉派”也。

故孔子恰如康德为动机论者，动机纯正则其结果之善恶如何可不顾。故《论语》曰：

> 志士仁人，无求生以害仁，有杀身以成仁。
>
> 又，殷有三仁。

仁，动机也。苟能行仁，则其结果如何可不顾。是所以谓直觉说也。

孔子就人之行为以言情与理之当调和。

> 《子路》：“叶公语孔子曰：‘吾党有直躬者，其父攘羊，而子证之。’孔子曰：‘吾党之直者异于是，父为子隐，子为父隐，直在其中矣。’”

自情解之，则理纵令公平，但不适于情时，则不得以之为善。

> 《宪问》曰：“以德报怨，何如？子曰：‘何以报德？以直报怨，以德报德。’”

“以德报怨”者，去差别之平等仁也。故《礼记》夫子言宽身之仁。“以直报怨”者，有差别的义也，理也。情与理二者以调和为务。此孔子之说所以最醖藉最稳当者也。

（二）中庸说

孔子恐人之行为之走于极端，因言执中即义，养中庸的良心。然欲达此标准，其事至难。故孔子自曰：“天下国家可均也，爵禄可辞也，白刃可蹈也，中庸不可能也！”中庸之德，希腊之阿里士多德氏亦尝言之，其说曰：勇在粗暴与怯懦之中间。言其本质、关系、分量，及时与地等，然后能之。盖人之行动云为皆由于知情意之合同关系。故中庸当视其本质、关系、分量、时地等，若是等均不得其宜，则决不能中庸。故：

《中庸》曰："道之不行也，我知之矣，知者过之，愚者不及也；道之不明也，我知之矣，贤者过之，不肖者不及也。"

《论语·先进》："子曰：师也过，商也不及。""子曰：过犹不及。"

《子路》："不得中行而与之，必也狂狷乎！狂者进取，狷者有所不为也。"

《雍也》："中庸之为德，其至矣乎！民鲜久矣。"

据此观，则中庸者，无知行之过不及，并立而调和者也。此中庸又因时与地而变化，是实至难之事，所谓"可与立，未可与权"是也。

德者，中庸的良心之我完备之状态也；道者，对于他而行之也。故德者主观的，道者客观的。要之，此中庸的良心，非所谓先天的良心之情，乃因理性而治成之情。换言之，即理与情融和适宜，而行之以公正之意志是也。

中庸的良心，虽为主观的，但制中庸，则为客观的之礼。故通社会国家上下贵贱皆须普遍的或差别的之法，此法即礼是也。礼之本质为情，形式为文，此本质与形式相合而为礼。恭敬辞逊之心之所动者，情也；动容周旋之现于外形者，文也。弃本质而尚形式，是为虚礼；弃形式而守本质，是为素朴。故：

《雍也》："质胜文则野，文胜质则史。文质彬彬，然后君子。"

文与质整然中和，此中庸。君子尚难之，故孔子忧失其本，于《八佾》言曰：

礼，与其奢也，宁俭；丧，与其易也，宁戚。

又，绘事后素。曰："礼后乎？"子曰："起予者，商也！始可与言《诗》已矣！"

前者言礼之本质为情，故曰与其走于形式，不若守本质；后者言礼之本质，虽为情，然无文饰之之形式，则难名之为礼。于是比较上虽若以情为重，但此二者若不中和，则究不得名之为真礼。故：

《礼记·仲尼燕居》："子曰：师也，尔过，而商也不及。""夫礼，所以制中也。"

如此之礼，虽自主观的本质与客观的形式相合而成，但当实际行之也，则当据义以断之。义为判别事物之知力，故为行礼必然之要素。

《卫灵公》："子曰：君子义以为质，礼以行之。"

义与礼之异同：礼主敬，义知敬，是其相似处；义为判别，即知也，礼为文饰，即形式的，是其异处。孟子曰："义，路也；礼，门也。"实则此二者互相关联而不可离者也。礼为体，而其内容中有义为之用。欲行义，则礼必从之。故礼兼义而义亦兼礼。礼与义分离，则礼为恭敬辞让玉帛交际等，义为辞受取予死生去就等。

至此，礼之本质即情，其形式即文，与义相合。其体虽整然，然用之不得，失于严酷，宜流动贯通，情意相和。

《学而》："有子曰：礼之用，和为贵。"

但若过于流动，一任于情，则又失礼之谨严。故又曰：

有所不行，知和而和，不以礼节之，亦不可行也。

此礼谓谨严之体也。

吾人至此于礼之为何物，当了然矣。盖孔子实以此礼为中正之客观的法则，以经纬社会国家者也。

《礼记·经解》："礼之于正国也，犹衡之于轻重也，绳墨之于曲直也，规矩之于方圆也。故衡诚悬，不可欺以轻重；绳墨诚陈不可欺以曲直；规矩诚设，不可欺以方圆；君子审礼不可诬以奸诈。是故隆礼由礼，谓之有方之士；不隆礼不由礼，谓之无方之民。敬让之道也，故以奉宗庙则敬。以入朝廷，则贵贱有位；以处家室，则父子亲，兄弟和；以处乡里，则长幼有序。孔子曰：'安上治民，莫善于礼。'此之谓也。"

礼如衡、绳墨、规矩等之规定轻重、曲直、方圆以错杂之。社会国家中之一切行动云为，人从之者善，背之者恶。此礼所以为中庸的，又客观之法则也。《礼记》立人之十伦，曰：

事鬼神之道，君臣之义，父子之伦，贵贱之等，亲疏之杀，爵赏之施，夫妇之别，政事之均，长幼之序，上下之际。

是均社会的秩序也，又其为中庸的：

《论语·泰伯》:"恭而无礼则劳,慎而无礼则葸,勇而无礼则乱,直而无礼则绞。"

(三)克己说

孔子之学,即欲达其理想之仁,先当励精克己,屏己之私欲。既克则当博学明理,以锻成刚健正大之意志;既锻成刚健正大之意志,始能处道而实行之。其说虽稍偏于情之一面,但于个人之严肃端庄,于伦理实践上有非常之价值。

《子罕》:"子绝四:毋意,毋必,毋固,毋我。"

《卫灵公》:"子曰:君子求诸己,小人求诸人。""躬自厚而薄责于人,则远怨矣。"又曰:"不曰如之何如之何者,吾末如之何也已矣!"

《宪问》:"不患人之不己知,患其不能也。"

是谓修克励精自德,为之己而非有待于他也。

《公冶长》:"颜渊曰:'愿无伐善,无施劳。'"

谓修养温厚克己之德以推及于人也。

克己、修德、博学、明理,若不实行,往往陷极端之弊害。故:

《阳货》:子六言六蔽说,曰:"好仁不好学,其蔽也愚;好知不好学,其蔽也荡;好信不好学,其蔽也贼;好直不好学,其蔽也绞;好勇不好学,其蔽也乱;好刚不好学,其蔽也狂。"

于希腊有西尼克派,即犬儒派之极端克己说,及斯特亚学派之克己说,德国有康德之严肃主义等,皆此说也。而其中如斯特亚学派,为重自然,安天命,贵理性,以实践励行为目的,最似儒教。然孔子之克己说，非若他说尽绝诸情，不过从实践励行上立此说。故其归著为中庸，为复礼。

《论语·颜渊》："颜渊问仁，子曰：'克己复礼为仁。一日克己复礼，天下归仁焉。为仁由己，而由人乎哉？'颜渊曰：'请问其目。'子曰：'非礼勿视，非礼勿听，非礼勿言，非礼勿动。'"

是言为仁之法在克我私欲，复中庸之礼，使一切之视听言动皆顺于礼，始为实行仁也。

要之，此说在励精苦学，修吾之行，以练习刚健不屈之意志而实践之。至其归著，则仍在复中庸之礼，以达于仁。夫一切克己说，皆在严肃端正，锻炼个人。虽于道德实行之点，迥非俗所能比拟，然于情之一面，弃而不顾，故往往不免失之过甚，如西尼克则此弊尤甚，独孔子能以中庸防此弊耳。

（四）忠恕说

吾人于前章中，既详论直觉、中庸、克己诸说，今当论其最广大最主要之忠恕说。

忠，尽吾心也；恕，推己以及人也。自普遍上观之，则为社会上之博爱，洵足以一贯诸说，以达于完全圆满之仁之理想。故：

《论语·里仁》："子曰：'参乎！吾道一以贯之。'"又，"曾子曰：夫子之道，忠恕而已矣。"

《卫灵公》："子贡问曰：'有一言而可以终身行之者乎？'子曰：'其恕乎！己所不欲，勿施于人。'"又，"'赐也！女以予为多学而识之者与？'对曰：'然，非与？’曰：‘非也，予一以贯之。’”

又，《雍也》：“夫仁者，己欲立而立人，己欲达而达人。”

是盖谓用此以包括其他一切之语言，使之一贯，使之普遍，而为必不可不行之道。但忠恕究何故不可不行乎？则自孔子之天人合一观观之，则以在人之理性为先天的，即以人为有道德性之社交的动物。故：

《论语》：“人之生也直。”

《序卦》：“有天地然后有万物，有万物然后有男女，有男女然后有夫妇，有夫妇然后有父子，有父子然后有君臣，有君臣然后有上下，有上下然后礼义有所错。”

即谓人道乃自然顺人之道德的能性以生成者，即礼义之所由生。盖以人本为社交的动物。故曰：“仁者，人也，亲亲为大。”故吾人不可不据己之性情以行仁。其故以道德本为自律的，仁又为人性之所本有，开发之即为人道故也。仁，差别的也，自亲而疏，自近而远。普遍的也，欲推己及人，则当以己心为标准。其途有二种。一正面的，“夫仁者，己欲立而立人，己欲达而达人。”是为希望他人与己同一发达，故合于是者，仁也，善也。一反面的，“己所不欲，勿施于人。”是为禁止之言，背此者，不仁也，恶也。

故此忠恕说，为网罗君臣父子夫妇兄弟朋友贵贱亲疏等一切社会上国家上之差别，而施之以平等之诚与爱之道，即达普遍一贯之仁之道。

《公冶长》："子曰：'老者安之，朋友信之，少者怀之。'"

自老者、朋友、少者三者而观之，虽似有差别，然而自总合是等一切社会而观之，则普遍之仁也。

要之，忠恕者，在达己达人，即以己与人共立于圆满为目的。故是非个人的，乃社会的。是实此说所以凌驾一切诸说，亦其意义之所以广泛也。

第三章 德

第一节 德之意义与仁之内容

德有二意：一伦理的感觉，照之于理性，以养高尚之情操，由意志而实现习练之，则吾性可善，即所谓道德的德是也；一为关于研究真理，或以之教人等知的德也。于东洋之德，仅有前者。虽孔子亦尝言知，然非独立，而但为道德上之知也。

韩愈曰："博爱之谓仁，行而宜之之谓义，由是而之焉之谓道，足乎己于无待于外之谓德。"道者，必不可不行之法则也，是为客观的；德者，谓吾心得是道而行之之，是主观的状态也。

吾人既于前章论孔子之仁，为包容其他一切诸德之普遍之德，即对己之德，与对家族及社会国家等之德，皆存于此中。但先以家族间之德为根本，然后渐逐推及社会国家。故以孝弟为本，而综合忠信义礼智等诸德，即普遍之仁。故仁为德之全称，其他不过为其一部分而已。

孔子何故因时与地，应其人而言抽象之仁，而不与之以具体的定义乎？是为吾人最不可不注意者。盖孔子明知进化之理：今日之人之德，不必即为后世之德；后世之德，不必即为今日之德。其故因德乃随各时代以进化，与政体风俗人情等有种种之关系，而生种种之差别者也。故孔子以为，于未来之世，或生大学问家，或生大德行家，此等学问家德行家之德之行，反胜于今日，亦未可知。故于《子罕》曰：

后生可畏，焉知来者之不如今也。

是语谓未来之进化，不可预想。知是语就人物一面观之，因为生生的进化，但其意义不惟止于人物，虽德亦然。

又曰："由！知德者鲜矣。"又，"中庸之为德，其至矣乎！民鲜久矣！"

是盖谓得德之难也。

以此之故，孔子于"仁""德"，不与一定之意义，惟抽象普遍形容之。至其内容，诸德则因时与地与人以为变更，是实为科学的分解之所难，亦为孔子之说明巧处。孔子之德，分解列举之虽甚难，但今亦不能不举其大要于左，以研究其种类。

第二节　德之种类

德表

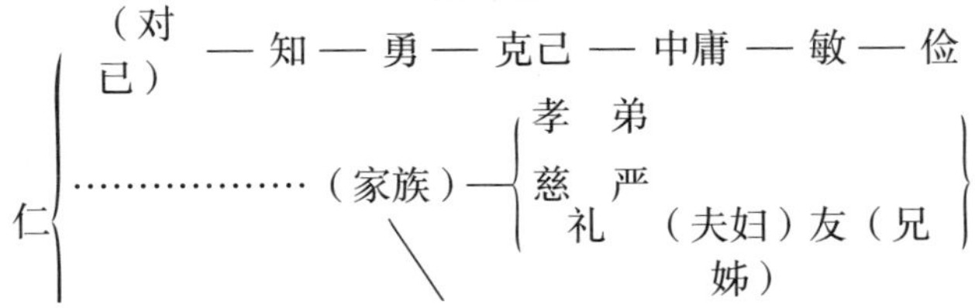

（对人）—{社会 国家}—礼—义{忠 信 直 / 宽 惠 温 / 良 恭 让}

五伦{
君 臣
父 子
夫 妇
昆 弟
朋 友

仁，前已再三论之，为普遍的之仁。表中一切诸德，莫不为其所网罗包容，即博爱、忠恕、一贯的之仁是也。但于殊别之时，则为慈惠或爱等。

表中知、勇、克己、中庸、敏、俭，皆对己之德。对人之德分两端：一为家族，一为社会及国家。

关于家族之德，曰孝弟、慈严、夫妇之礼、友爱等，而尤以孝弟为百行之本。关于社会及国家之德，曰忠、信、直、宽、惠、温、良、恭、让等，而尤以礼为普遍，又为社会上之秩序，又义亦普遍而差别的。

今将对己之德以及对他之德略解之于下。

（甲）对己

知者，知也，含有智慧之意。若扩大其意，则为智识。故欲得真智识，必不可不学。盖学非为人也，为我也。孔子已尝明言为自己之德矣。其注重在研究一切学问以明智，则当事物而无疑惑。故孔子曰："智者不惑。"但此知乃欲行道之本，即王阳明所言之"知行合一"，乃与行相关者也。

勇为决行吾意志之力，虽属于己，而不受仁与义之指择。故曰："见义不为，无勇也。"又曰："仁者必有勇。"曰："勇者不惧。"但勇与知有密接之关系，不可或离。故曰："好勇不好学，其蔽也乱。"其义即非道德之智识所生之勇，则不得为德。要之，知与勇实际上为合成其他诸德所生者，故不可分离。知者知道德，勇者实行之。

克己前章已论之，兹不再详言。约而论之，为抑自己之私欲而克之，刻苦励精以达于道，是为自己之德，勤勉等属之是也。

中庸前章亦论之，兹惟撮其要曰：中庸者无过不及之中庸的良心，是亦为自己德，客观的礼、主观的节制等皆属之。

敏，敏捷也，对事务而言。故曰："敏则有功。"顺于道而敏捷处事，自己之德也。

俭，节俭也，节省冗费以俟他日之利用。"与其奢也宁俭"之类，是亦为属自己之德，然与其他有关系，

（乙）对人

家族的

孝之为德，为德行之根本，人伦之第一，事亲能尽爱敬之谓也。孝者，子对于亲之纯粹爱情，即人之天性也。

《论语》曰：孝弟"为仁之本"。

《孝经》曰："子曰：夫孝，德之本也，教之所由生也。"又曰："夫孝，天之经也。"又曰："天地之性，人为贵。人之行莫大于孝，而孝以爱与敬为主。"

《孝经》曰："子曰：爱亲者不敢恶于人，敬亲者不

> 敢慢于人。爱敬尽于事亲，而德教加于百姓，刑于四海。盖天子之孝也。”又曰：“资于事父以事母而爱同，资于事父以事君而敬同。故母取其爱，君取其敬，兼之者父也。”又曰：“教民亲爱，莫善于孝。”又曰：“君子之事亲孝，故忠可移于君。”

自家族的爱敬进推及天下，以孝为治国家之根本。

> 《论语》：“孟懿子问孝。子曰：无违。”“子曰：生事之以礼，死葬之以礼，祭之以礼。”
>
> 《孝经》：“身体发肤，受之父母，不敢毁伤，孝之始也。立身行道，扬名于后世，以显父母，孝之终也。夫孝始于事亲，中于事君，终于立身。”

前者谓终亲之生，勿违于理，惟以礼将其爱敬而事之，既殁则终以葬祭之礼。后者谓事亲又以事亲之道事君，而终之以立身，是孝为最大者也。此外孔子应弟子之问，而从多方面言之者：

> 《论语》：“孟武伯问孝。子曰：‘父母唯其疾之忧。’子游问孝。子曰：‘今之孝者，是谓能养，至于犬马，皆能有养，不敬，何以别乎？’子夏问孝，子曰：‘色难。有事，弟子服其劳，有酒食，先生馔，曾是以为孝乎！’”（此句本于《礼记》：“孝子之有深爱者，必有和气；有和气者，必有愉色；有愉色者，必有婉容。”言事亲之际，惟色为难耳。）

以上之说，皆以情即诚实为本，而节以礼。故孔子以孝德为重大可知。

弟，事兄顺长之德也，姊妹间亦同，在家族中与孝相关系，而发而为敬为义，然后推及社会。故：

《孝经》："以敬事长则曰顺。"又，"事兄悌，故顺可移于长。""教民礼顺，莫善于悌。"又，"教以弟，所以敬天下之为人兄者也。"又，"长幼顺故上下治。""孝弟之至，通于神明，光于四海，无所不暨。"

弟者，谓对长者敬而从顺之也，是为家族的关系之本，扩之即可以治社会国家。故孝弟为一切德行之起原。又孝在社会国家则为仁，弟在社会国家则为义，故为人伦大本也。而不孝不弟，即为乱伦。

慈与严：东洋风行家长制度，故论卑对尊之道则甚详。论尊对于卑之道则甚疏。然亦有论及者。

慈为父母对子之纯粹爱情，即慈爱。孔子于此德，未显言之，惟曰："父子之道，天性也。"又，"曾子曰：若夫慈爱恭敬，安亲扬名，既闻命矣。"此德与孝俱为先天所有的，而根本的为最纯美之情也。无此情，则亲子之道不立。盖孝弟者卑对尊之德，此则尊对卑之德也。

严用以救溺爱者，《孝经》所谓严亲严兄是也，是为家长所专有。

孔子于夫妇间惟曰"礼"，不明言"爱"。又兄姊对于弟妹之友爱，亦未详言之。然而《左传》十礼中尝言君令、父慈、兄爱、夫和、姑慈，皆尊对卑之德也。

礼，夫妇为人伦之根本，为五伦之一。孔子惟于《中庸》

述之，惟夫妇间但规之以礼，而不言情。其故以夫妇之爱情本出于男女相爱之天性，有最大势力，人之原始，皆在于此。但男女之爱，往往失之极端，致乱大伦。故复云礼以节制爱，是亦自东洋家长制度之严肃出者也。然夫妇之爱，为根本上纯美之情，以爱为根本，而纪纲之以礼，其庶乎可矣。

友，为兄姊对于弟妹之友爱，亦纯美之情，但孔子之说不详。然孔子抽象的之仁，其内容含有许多差别之爱，故此等之爱皆包括于仁中，不可忘也。

社会及国家的

礼，如前章所说，中庸之显于客观之形式也，然此实通家族社会国家而维持其秩序，故能于主观上知之行之，实为最大之德。故云“克己复礼”“为仁由己”，而以礼裁制君臣父子夫妇兄弟朋友丧祭冠婚等一切国家及社会之事。

义，前章中已与礼略论其义，是为差别的仁，乃道也，非德也。然自主观上之得于心而观之，则亦为德；自差别处观之，则知的即理也。故《论语》曰：

> “君子之于天下也，无适也，无莫也，义之与比。”又，“君子喻义，小人喻利”等。

是谓遵道理而行之义，一切社会国家家族道德上之裁断，莫不由之。而与礼相表里者也，有君臣之义、家族之义、国家之义、人对人之义等，即所谓人道之正义也。得之我心而践行之，是为正义之德，是为诸德中之最大者。

忠，对人而尽我心之谓也。孔子以忠信相连而论之，于社会上曰“言忠信，行笃敬”等。忠必笃实而行之，所谓诚是也。国家君臣之际，与义合是为忠义，为人伦之重大者，加恕则为仁。

信，为社交的，为人交际上不可缺之德。与忠相联，而不能离，为朋友间最切实之德。故孔子能去“兵”去“食”，而独不去“信”，即无信则不立。盖无信则社会国家必致虚伪浮薄，不能完全成立。故又曰:“信则民任焉。”是社会与国家相通之德也。

直，即正直，或刚直等之德。孔子尝屡屡言之，曰“直哉史鱼!”曰“直道”，曰“举直”等。要之，不外为公正无私从理而已。又有时从情之方面言之，参照前章。

宽，宽弘也。《论语 · 阳货》举仁之内容曰“恭宽信敏惠”，而以宽为此中最大之德。故曰“宽则得众”，是为君子之德。

惠，恩惠也。惠则足以使人，又为君德。孔子名此二者为君人之德。虽宽弘恩惠，为社会上之德，然若敷衍之，则大有裨益。

温，温厚也。“温良恭俭让”五者之一，谓接人宜稳和笃实。

良，良直也，又善良，谓对人无偏心，无邪心，方正之德也。

恭，恭敬也。礼义之根本，敬为其主，恭表出之故也。得恭则不侮，是为人人交际上不可少之德。

让，谦逊也。亦与恭敬等同为交际上之美德。

盖礼与义，家族社会国家共之；忠信宽惠，社会国家共之。独直温良恭让，但为社会的德耳。

以上诸德，均为仁之差别的内容，总括之即为普遍之仁。

此外于女子之德，则言贞操从顺等。

德虽因时代、政体与国民等而生差异，然而以上诸德，则为东洋之特德，至今日犹用之。于今日若自社会国家上论之，则道德的德为公共心、慈善心、爱国心等；对于自己，则为自重、热心、洁白、清洁、活泼、顺序等。见于知力上，为精密、熟虑、慎重、智慧等。于家族，为尊对卑之慈爱亲切等；于妇德，为慈爱，贞淑、端正、柔和、公平等诸德。

第四章　教育

第一节　人格之完成德之修养

孔子教育之目的，可从二方面观察之：一修己之德以锻成意志，而为完全之人物，以达高尚之仁；一锻炼意志修德而治平天下。故前为纯粹之道德家，后为道德的政事家。以修身为第一义，治人为第二义。故：

> 《大学》曰："古之欲明明德于天下者，先治其国；欲治其国者，先齐其家；欲齐其家者，先修其身；欲修其身者，先正其心；欲正其心者，先诚其意；欲诚其意者，先致其知；致知在格物。"

致知格物说于前至善之章已论之，今惟论孔子之如何完成人格，如何修养德性于下。

孔子之主眼在德行，即德育是也。故所言之学问，即知育，不过修先王之道而修德耳。故既知之，则当行之，阳明所谓之知行一致是也。孔子自身以绝对之智力，而理会天道。其教育法则，能为实践的，自近而远，自卑而高，先教弟子以日常起居、饮食、洒扫、应对等，渐进而教之修心。其所教之书，即《诗》《书》

《礼》;其所教之艺,则文行忠信,礼乐射御书数等六艺。射御,体育也。弟子通六艺者七十二人。“德行:颜渊、闵子骞、冉伯牛、仲弓。言语:宰我、子贡。政事:冉有、季路。文学:子游、子夏。”其他曾参、有若、子张等,一时人材郁然。其教授法各应其力,因其人之高下而为多方面的。凡问答,使弟子各以己力发明之,勉学之。故孔子之教授法,可名之为开发心性之法也。故:

《述而》曰:“子曰:不愤不启,不悱不发,举一隅不以三隅反,则不复也。”

德不可得而学。故学问不过欲得智识耳,从此智识以陶冶吾之情与意,始能得善良之品性,即德是也。孔子欲完成人格以使之有德,故于欲知情意融和之前,先涵养美情,渐与知情合而锻炼意志,以造作品性。于是始知所立,和气蔼然,其乐无极,是即达仁之理想,而人格完成矣。故:

《泰伯》曰:“兴于诗,立于礼,成于乐。”

诗,动美感的;礼,知的又意志的;乐,则所以融和此二者。苟今若无礼以为节制,一任情之放任,则纵有美感,亦往往动摇,逸于法度之外。然若惟泥于礼,则失之严重而不适于用。故调和此二者,则在于乎。

既锻成圆满之人物后,无论在朝在野,其行动云为,皆无窒碍,且可为学问之法。

《述而》曰:“志于道,据于德,依于仁,游于艺。”

是谓先立志讲道,习练之而得于心,愈修养而至于仁。仁,完全之德也。既得此德后,更从容习礼乐射御书数等日用实践之事，“游于艺”者，此之谓也。

修德之先，必不可不先有完全之智识，苟无完全之智识，则不知其德为何物。故于《阳货》篇言六言六蔽：

> 好仁不好学，其蔽也愚；好知不好学，其蔽也荡；好信不好学，其蔽也贼；好直不好学，其蔽也绞；好勇不好学，其蔽也乱；好刚不好学，其蔽也狂。

> 又，《为政》曰：“学而不思则罔，思而不学则殆。”

即谓无智识则暗昧，而不能知完全之德。

然又恐惟于智识一面而不能言行一致，于是复说以下各条：

> 《宪问》：“有德者必有言，有言者不必有德。”又，“君子耻其言而过其行。”

> 《雍也》：“君子博学于文，约之以礼。”

> 《子张》：“子夏曰：博学而笃志，切问而近思，仁在其中矣。”

此一切所言，皆谓德行为本，智识不足知之。再进一步，则如：

> 《雍也》：“知之者不如好之者，好之者不如乐之者。”

知道德者不及好道德者，好道德者又不及乐道德者，是为形容入道德之深。要之，欲养德必就圣贤之书学之，先得道德的智识，以陶冶性情，使成强健之意志，更于行为上反复习练之，遂为自我之品性。是为孔子教学之要领也。

第二节　政事家

能修得以上一切完全之德，即所谓仁者，亦可以之治平天下国家，是为孔子之第二目的。至此，道德与政治遂合，而非完全之道德家矣。既可以之治国家，故君主必应具此德。故《大学》曰：

物格而后知至，知至而后意诚，意诚而后心正，心正而后身修，身修而后家齐，家齐而后国治，国治而后天下平。

又，《论语·宪问》曰："修己以安百姓。"

《季氏》："君子之德风，小人之德草，草上之风必偃。"

《为政》："为政以德，譬如北辰，居其所，而众星共之。"

谓政事家必具完全之德，以行道德的政治。然在治国，则一切当遵先王之制度、礼乐、刑政等，次所记者是也。

第五章　政治

第一节　道德的政治，先王之道，礼乐刑政

孔子之伦理说，前章既已论之，今当论其政治说。惟孔子之政治，本为道德政治，故惟评其梗概。

孔子者，君主封建制之政治家，欲祖述尧舜、夏殷周三代先王之道，由斯道而治天下。故言君主有大威德统御诸侯，亦能治其民服从其君主。是则承认君权之无上，而以道德一贯上下之间者也。故于：

《泰伯》曰："民可使由之，不可使知之。"

《颜渊》："君君，臣臣，父父，子子。"

前者专制主义也，后者以人道一贯上下者也。

孔子参酌尧舜三代制度而取舍之，欲施完全之封建政治，故答颜渊问为邦曰：

行夏之时，乘殷之辂，服周之冕，示则《韶》舞，放郑声，远佞人。郑声淫，佞人殆。

是谓用夏之历法，从殷之质素之道，行周之华美之礼制，去淫声，远恶人，奏舜之音乐。是盖欲采尧舜三代政之所长，而折衷之者也。

故知孔子者，虽崇拜其理想中之人物如尧舜者，然实则不过阳崇拜之耳。又孔子之理想在周，故曰："周监于二代，郁郁乎文哉！吾从周。"又曰："予不复梦见周公。"又曰："如有用我者，吾其为东周乎！"盖孔子之政治思想纯在周代，不难想像也。

经礼三百，曲礼三千，是为孔子治人之具。礼乐用以陶冶人心，而政刑则以法制禁令刑罚治民。前者为道德，在修人心；后者为政法，在律人身。虽此二者相合，然后成为政治，但其所最重者，则在礼乐。故于：

《为政》："道之以政，齐之以刑，民免而无耻；道之以德，齐之以礼，有耻且格。"

《子路》："名不正则言不顺，言不顺则事不成，事不成则礼乐不兴，礼乐不兴则刑罚不中，刑罚不中则民无所措手足。"

盖以道德为先务，而刑罚惟治不从之具耳。

《里仁》："能以礼让为国乎？何有？不能以礼让为国，如礼何？"

《子路》："上好礼，则民莫敢不敬；上好义，则民莫敢不服；上好信，则民莫敢不用情。夫如是，则四方之民，襁负其子而至矣。"

此外答子贡之问，有去"兵"去"食"犹取"信"之言，又"举直措诸枉，能使枉者直"等语，欲一切皆从道德以完成己之人格，又举贤才以治国安天下也。概而言之，则孔子政治思想，一遵先王之道，为君主封建专制主义，专尚保守；又恐君悖理暴行，致民心离叛，因复以道德贯通上下以规律之。因此，德与政遂相混同。又孔子最慕盛周时之文华，故一切典章制度，皆以周公遗法为则，参夏殷二代之制，去其不善者。在今日观之，虽无精论之价值，然在当时则为最完全之政治，是实由于时代之进化使然。故若以今评古，无异于未来之评今也。要之，孔子之说，其可取者，不在其政治上，而在其道德上。孔子之道德，能经二千余年管理东方大半之人心者，实其道德之严正，且能实践故也。

结论

吾人于前数章既论述孔子之伦理说，今当综合其要领而以终此篇。

孔子于研究"易"哲学时，因阴阳二气之于时间上变化继起，遂知左右现象界之自然的理法，于是遂悟天道为生生的，为宇宙之根本原理，而说其理想上之天。故天自“理”之一面观之，乃无意识的理法之活动；自“情”之一面观之，则有意志而管辖一切万有者也。夫子实混此两方面而言之，故于知识上言之，则现象界有因果律以规定一切，是为自然之理法。又宇宙之根原虽为天道，然人间之意志亦不能完全自由。故自感情上言之，则所谓天者不过一种之命法。然苟遵道而行，而为所当为，不为其所不当为，则于道德自身中有一种之快乐。故当顺道理，尽人力，若不可能，则安其分。是以知孔子非自由意志论者，又非执极端之宿命说者，而为执其中庸之有命说，所谓任天主义是也。

孔子“天”之观念如此，又主人间理性之为先天的物。即自客观上观之，则为天道；而自主观上言之，则吾理性也。自致知格物而穷物理，广修自己心以去私欲，而逍遥于无我、自然、绝对、无差别之理想界，是为其天人合一之观念，即绝对的仁是也，是实为孔子伦理说之渊源。欲达此境，必积长年月之修养，非有大理会力与大德行者不能达也。故不详言此高远之学理，而但说人人所能行之实践道德也。

孔子从“天”之观念演绎而得“仁”，其发现于社会的为忠恕，一贯普遍之仁，其内容有义礼智孝弟忠信等。又知仁勇等狭义之仁，亦为此一部分。普遍之仁，为包括一切诸德之全称抽象的大概念也。故此德虽不变，至其内容则因时与地与人而异其德，是亦为孔子明进化之理，故不与“仁”以一定之定义之证，亦为孔子说法之机变巧妙之处也。

孔子以达其大理想之仁，即“止于至善”为目的，然而不能人人达之，故先说达之之法，即直觉、中庸、克己、忠恕等是也。

直觉说乃不据理性而判断者，然孔子具之。中庸说则以情为本，以理调和之，养成无过不及之中庸的良心。其表出于社会也，则为礼，一切行动云为皆以是为标准。毕竟所谓中行、中庸者皆谓知行之融和也。又说因时地与人，而道德有权变，故不能于数量上论断之，夫子之温和浑厚，而其行无不中节，职由斯说。克己说为克私欲以复礼，而至于仁之励精严肃主义。忠恕说则由博爱及同情以达普遍之仁者也。

是社会的仁而包括一切诸德者也，此绝对的之仁之德。而特别之仁，则为知、勇、克己、中庸、敏、俭等。对于家族，则为孝弟、慈严、夫妇之礼、兄姊之友爱等；对于社会国家，则为礼、义、忠、信、直、宽、惠、温、良、恭、让等。礼义亦通于家族，为此数者中最大者。又此中最重者，为关于家族、君臣、朋友之德，换言之，即君臣、父子、夫妇、昆弟、朋友五伦，而孝弟又为是一切之根本。对自己之德与对他人之德，相关而并行之。是即孔子之形而上学与伦理说之大要也。

孔子教育之目的有二：一锻炼道德的意志，以完全人格，即道德当一以身体之；一又当为有为之政治家，出而治平国家。故一以道德为目的，一以政治为目的。孔子之观此二者，毫无差异。故曰："天下有道则见，无道则隐。"其教授法因人材之高下以为问答，使以自己之力勉学，是即开发教授也。而其教育之宗旨，德育最重，知育不过供给成德之智识。至于体育，则使弟子学习射御各科是也。

政治，在参酌先王之制度，以礼乐治天下，是为德教政治。政与刑则所以处治破坏德育者。政体，为君主封建制。君主独有大权，然须备至仁之德以统御一切，举贤能而使当治国之任，以礼保持社会国家之秩序。臣当守义，服事于君。在家，则为父子、夫妇、兄弟；在社会，则为朋友。皆当修德。自家族以及天下，此所谓德教政治也。

孔子之人生观，在明道理、尽吾力，而躬践道德，至其终极，则以信天命为安心之地，故超然不为生死穷达富贵利害得丧所羁束。是主义虽甚高洁，然一不慎，则流于保守、退步、极端之宿命说，此则于今日进化之理法上决不能许者也。

东方伦理之缺点，在详言卑对于尊之道，而不详言尊对于卑之道，以是足知家长制度之严峻专制，而其抑制女子则尤甚。故女子之德多有压制过酷者。此实由于男尊女卑，封建专制之习惯使然也，而今日不得不改正之也。

以上全论述孔子之学说，今当就孔子人物一言以结之。

吾人所最惊叹者，则为孔子感化之力伟大，及其说法之巧妙也。盖夫子之德，圆满无缺。其言为春风和气，蔼然可亲，故虽疏野傲慢之人，亦无不被其感化，而化为沉着温厚者，如子路是也。

孔子人物之伟大，道德之完全，虽更无待细说，然孔子又忠实之尊王、爱国、慷慨家也。孔子见周末封建政体之败坏紊乱，诸侯之僭乱悖逆，蔑视君上，杀伐攻略无有宁日，乃与其徒游说四方，期再兴王室，一复西周之盛。故孔子政治的思想常在周公，故曰:“我不复梦见周公。”又曰:“如有用我者，吾其为东周乎!”等语。又曰:“天下有道，则礼乐征伐自天子出;天下无道，则礼乐征伐自诸侯出。”其忠愤热诚溢于言表。惟以时运衰颓，究非人力所及，故虽大圣如孔子，亦终不能达其意，终身流离困厄，备尝艰苦，不能行其德。故其激越之言曰:“道不行，乘桴浮于海。”又曰:“女奚不曰:其为人也，发愤忘食，乐以忘忧，不知老之将至?”

呜呼!是何等悲壮感愤乎!天何以不眷此大圣人?何故不用大圣人以整理国家?天乎!人乎!吾人不得不怪人间之命运果无定也。嗟时代之衰微，叹人心之腐败，乱臣贼子横行于世，滔滔者天下皆是也。于是既不能以个人之力挽回天运，退而作《春秋》，大义炳耀，使千秋万岁乱臣贼子肝胆俱寒。又为学不厌，教人不倦，谆谆薰陶子弟，悠然有余裕。信命而任天，故不怨天，不尤人，以终其天年。故孟轲赞夫子曰:“自生民以来，未有夫子!”非溢美之言也。

1907年11月—1908年1月《教育世界》161—165号

墨子之学说

第一章　传及其著书

《史记·孟荀列传》曰："墨翟，宋大夫。或曰并孔子时，或曰在其后。"今《墨子·耕柱》篇有墨子与子夏之徒问答之语，则墨子之生年当与七十子略同。汪氏中《墨子序》曰：

> 按：《耕柱》《鲁问》二篇，墨子于鲁阳文子多所陈说。《楚语》"惠王以梁与鲁阳文子"，韦昭注曰："文子，平王之孙，司马子期之子。"其言实出《世本》。故《贵义》篇："墨子南游于楚，见献惠王，献惠王以老辞。"献惠王之为惠王，犹顷襄王之为襄王。由是言之，墨子实与楚惠王同时。其仕宋，当景公、昭公之世。其年于孔子差后，或犹及见孔子矣。《艺文志》以为在孔子后者，是也。《非攻》中篇言智伯以好战亡，事在春秋后二十七年；又言蔡亡，则为楚惠王四十二年，墨子并当时及见其事。《非攻》下篇言"今天下好战之国：齐、晋、楚、越"，又言"唐叔、吕尚邦齐、晋"，今与楚、越"四

分天下"。《节葬》下篇言"诸侯力征，南有楚越之王，北有齐晋之君"，明在句践称霸之后。(《鲁问》篇，越王"请裂吴故地方五百里，以封墨子"，亦一证。)秦献公未得志之前，全晋之时，三家未分，齐未为陈氏也。《檀弓》下"季康子之母死"，公输般"请以机封"，此事不得其年。季康子之卒在哀公二十七年。楚惠王以哀公七年即位，般固逮事惠王。《鲁问》篇："楚人与越人舟战于江。""公输子自鲁南游楚""作钩强"以备越，亦吴亡后，楚与越为邻国事。惠王在位五十七年，本书既载其以老辞墨子，则墨子亦寿考人欤！

其考墨子之生世，可谓最详核者矣。

《汉书·艺文志》，"墨子七十一篇"，今所存者五十三篇，其为墨子自撰与否，今不可考，然非一人之作，则甚明也。汪氏中谓："《所染》篇亦见《吕氏春秋》。其言宋康染于唐鞅、田不礼。宋康之灭，在楚惠王卒后一百五十七年。"《亲士》篇末"言吴起之裂，起之裂以楚悼王二十一年，亦非墨子所及知也"。则《墨子》一书当在战国时为墨子之学者所编纂也。

就墨子之学之所从出，则有二说：一以为出于夏礼，一以为出于史佚。主张第一说者为阳湖孙氏（星衍），其言曰：

墨子与孔异者，其学出于夏礼。司马迁称其善守御，为节用。班固称其贵俭、兼爱、上贤、明鬼、非命、上同，此其所长，而皆不知墨学之所出。淮南王知之，其作《要略》训云："墨子学儒者之业，受孔子之术。以为其礼烦扰而不说，厚葬靡财而贫民，服伤生而害事，故背周道而用夏政。”其识过于迂、固。古人不虚作，诸子之教或本夏，或本殷，故韩非著书亦载弃灰之法。墨子有节用，节用，禹之教也。孔子曰：“禹菲饮食，恶衣服，卑宫室，吾无间然。”又曰：“礼，与其奢宁俭。”又曰：“道千乘之国，节用。”是孔子未尝非之。又有《明鬼》是致孝鬼神之义，《兼爱》是尽力沟洫之义。孟子称墨子摩顶放踵，利天下为之。庄子称禹亲自操橐耜而杂天下之川，腓无胈，胫无毛，沐甚风，栉甚雨。列子称禹身体偏枯，手足胼胝。吕不韦称禹忧其黔首，颜色黎黑，窍藏不通，步不相过。皆与《书》《传》所云“予弗子，惟荒度土功”“三过其门而不入，思天下有溺者犹己溺之”同。其节葬，亦禹法也。尸子称禹之丧法：“死于陵者葬于陵，死于泽者葬于泽，桐棺三寸，制丧三月。”见《后汉书》注。《淮南子·要略》称禹之时，天下大水，死陵者葬陵，死泽者葬泽，故节财、薄葬、闲服生焉。又，《齐俗》称三月之服，是绝哀而迫切之性也。高诱注云：“三月之服是夏后氏之礼。”《韩非子·显学》称墨者之葬也，冬日冬服，夏日夏服，桐棺三寸，服丧三月。而此书《公孟》篇，墨子谓公孟曰：“子法周而未法夏也，子之古非古也。”又，公孟谓子墨子曰“子以三年之丧为非，子之三月之丧亦非也”云云，然则三月之丧，夏有是制，墨始法之矣。（《墨子注·后序》）

同时江都汪氏驳之曰：

季仇谓墨子之学出于禹，其论伟矣！非独禽滑厘有是言也，庄周之书则亦道之，曰“不以自苦为极者，非禹之道”，是皆谓墨之道与禹同耳，非谓其出于禹也。昔在成周，礼器大备，凡古之道术皆设官以掌之，官失其业，九流以兴，于是各执一术以为学。讳其所从出，而托于上古神圣，以为名高，不曰“神农”，则曰“黄帝”。墨子质实，未尝援人以自重。其则古昔，称先王，言“尧舜禹汤文武”者六，言“禹汤文武”者四，言“文王”者三，而未尝专及“禹”。墨子固非儒而不非周也，又不言其学之出于禹也，公孟谓君子必古言服然后仁，墨子既非之，而曰：“子法周而未法夏，则子之古非古也。”此因其所好而激之，且属之“言服”，甚明而易晓。然则谓墨子背周而从夏者，非也。惟夫墨离为三，取舍相反，倍谲不同，自谓别墨，然后托于禹以自尊其术，而淮南著之书尔。虽然，谓墨子之学出于禹，未害也。谓禹制三月之丧，则尸子之误也。……故其《节葬》曰“圣王制为节葬之法”，又曰“墨子制为节葬之法”，则谓墨子自制者是也。故曰“墨之治丧，以薄为其道”（《孟子·滕文公》篇）。曰墨子“生不歌，死不服，桐棺三寸而无椁，以为法式”（《庄子·天下》篇）。曰：“墨者之葬也，冬日冬服，夏日夏服，桐棺三寸，服丧三月。”（《韩非子·显学》篇）使夏后氏有是制，三子者不以之蔽墨子矣。

其言是也。

主张第二说者，则为江都汪氏中。其言曰：

> 周太史尹佚实为文王所访(《晋语》)，克商营洛，祝筴迁鼎，有劳于王室(《周书·克殷解》《书·洛诰》)。成王听朝，与周、召、太公，同为四辅(《贾谊新书·保傅》篇)，数有论谏（《淮南子·主术训》《史记·晋世家》)，身没而言立。鲁季文子（《春秋传》成四年)、惠伯(文十五年)、晋荀偃(襄十四年)、叔向(《国语》)、秦子桑(僖十五年)、后子(昭元年)及左丘明(宣十二年)，并见引重。遗书十二篇，刘向校书，列诸墨六家之首。《说苑·政理》篇亦载其文。庄周述墨家之学而原其始。曰："不侈于后世，不靡于万物，不晖于数度，以绳墨自矫而备世之急，古之道术有在于是者。"(《天下》篇)可谓知言矣。古之史官实秉礼经以成国典，其学皆有所受。鲁惠公请郊庙之礼于天子，桓王使史角往，惠公止之，其后在于鲁，墨子学焉。(《吕氏春秋·当染》篇)其渊源所渐，固可考而知也。刘向以为出于清庙之守。夫有事于庙者，非巫则史，史佚史角皆其人也。史佚之书至汉具存，而夏之礼在周已不足征，则庄周、禽滑厘傅之禹者(《庄子·天下》篇《列子·杨朱》篇)，非也。(《墨子序》)

以上孙、汪二说各有所本。然余则以墨子为孔子之徒，特持论稍异耳。《淮南子·要略》训曰“墨子学儒者之业，受孔子之术，以为其礼烦扰而不说”云云，是墨子虽未必躬受业于孔子，其曾与孔子之徒相讲习，明矣。今比较儒墨二家之说：则孔子说“仁”，墨子说“爱”，其根本主义同，其称述尧舜禹汤文武也同，其游说诸侯思以其道易天下也同。其所不同者，只墨子之较孔子，更近于功利主义耳。决非如老子之说与孔子全相反对者也。善夫江都汪氏之言曰：

> 儒之绌墨子者，孟氏，荀氏。荀之《礼论》《乐论》，为王者治定功成盛德之事，而墨之节葬、非乐，所以救衰世之敝，其意相反而相成也。若夫兼爱，特墨之一端，然其所谓兼者，欲国家慎其封守，而无虐其邻之人民畜产也。虽昔先王制为聘问吊恤之礼，以睦诸侯之邦交者，岂有异哉？彼且以兼爱教天下之为人子者，使以孝其亲，而谓之“无父”，斯已枉矣。……至其述尧舜、陈仁义、禁攻暴、止淫用，感王者之不作，而哀生人之长勤，百世之下，如见其心焉。《诗》所谓“凡民有丧，匍匐救之”之仁人也！

可谓知言者矣。

第二章　形而上学（天与鬼）

墨子之学说限于道德政治之范围，与孔子同；然其求道德政治之原理于天之意志，则孔子之所未尝及也。其《法仪》篇云：

> 天下从事者不可以无法仪，无法仪而其事能成

者，无有也。虽至士之为将相者，皆有法；虽至百工从事者，亦皆有法。百工为方以矩，为圆以规，直以绳，正以悬。无巧工不巧工，皆以此五者为法。巧者能中之，不巧者虽不能中，放依以从事，犹逾己。故百工从事皆有法所度。今大者治天下，其次治大国，而无法所度，此不若百工辩也。

然则奚以为治法而可？当皆法其父母奚若？天下之为父母者众，而仁者寡，若皆法其父母，此法不仁也。法不仁，不可以为法。当皆法其学奚若？天下之为学者众，而仁者寡。若皆法其学，此法不仁也。法不仁，不可以为法。当皆法其君奚若？天下之为君者众，而仁者寡，若皆法其君，此法不仁也。法不仁不可以为法。故父母、学、君三者，莫可以为治法。

然则奚以为治法而可？故曰莫若法天。天之行广而无私，其施厚而不德，其明久而不衰，故圣王法之。既以天为法，动作有为必度于天，天之所欲则为之，天所不欲则止。然而天何欲何恶者也？天必欲人之相爱相利，而不欲人之相恶相贼也。奚以知天之欲人之相爱相利，而不欲人之相恶相贼也？以其兼而爱之，兼而利之也。奚以知天兼而爱之，兼而利之也？以其兼而有之，兼而食之也。今天下无大小国，皆天之邑也；人无幼长贵贱，皆天之臣也。此以莫不刍羊、豢犬猪，絜为酒醴粢盛，以敬事天，此不为兼而有之、兼而食之耶？天苟兼而有食之，夫奚说以不欲人之相爱相利也！故曰爱人利人者，天必福之；恶人贼人者，天必祸之。曰杀不辜者，得不祥焉。夫奚说人为其相杀而天与祸乎！是以知天欲人相爱相利，而不欲人相恶相贼也。

昔之圣王禹汤文武，兼爱天下之百姓，率以尊天事鬼，其利人多，故天福之，使立为天子，天下诸侯皆宾事之。暴王桀纣幽厉，兼恶天下之百姓，率以诟天侮鬼，其贼人多，故天祸之，使遂失其国家，身死为僇于天下，后世子孙毁之，至今不息。故为不善以得祸者，桀纣幽厉是也；爱人利人以得福者，禹汤文武是也。爱人利人以得福者有矣，恶人贼人以得祸者亦有矣。

其《天志》三篇亦不外此篇之意，曰“天为贵，天为知”，是可知其以天为全知全能者也。

墨子于信天之外，又信鬼神。其证鬼神之存在：（一）主由经验上立论，殊由历史上证明之，曰：

是与天下所以察知有与无之道者，必以众之耳目之实知有与无为仪者也……若是，何以尝入一乡一里而问之，自古以及今，生民以来者，亦有尝见鬼神之物，闻鬼神之声，则鬼神何谓无乎……若以众之所同见，与众之所同闻，则若昔者杜伯是也……

除杜伯一事外，又杂引郑、燕、宋、齐诸国之史以明之，以断定无鬼论之非。

（二）墨子又以若以众人之耳目为不足信，则请征之于圣王。"武王之攻殷诛纣也，使诸侯分其祭，曰：'使亲者受内祀，疏者受外祀。'故武王必以鬼神为有。"他圣王亦然，"其赏也必于祖，其僇也必于社"，其始建国也，必立宗庙社稷，故古圣王必皆以鬼神为有也。故《诗》云："文王陟降，在帝左右。"《书》曰："赏于祖而僇于社。"由此观之，执无鬼论者，可谓之"反圣王之务"也。

然墨子之"明鬼"非真信鬼神之存在，特自道德政治二方面观之，则以为不信鬼神，其道德政治之说均归于无效也。故曰：

> 逮至昔三代圣王既没，天下失义，诸侯力正。是以存夫为人君臣上下者之不惠忠也，父子弟兄之不慈孝弟长贞良也，正长之不强于听治，贱人之不强于从事也。民之为淫暴寇乱盗贼，以兵刃毒药水火，退无罪人乎道路率径，夺人车马衣裘以自利者并作，由此始，是以天下乱。此其故何以然也？则皆以疑惑鬼神之有与无之别，不明乎鬼神之能赏贤而罚暴也。今若使天下之人，偕若信鬼神之能赏贤而罚暴也，则夫天下岂乱哉！
>
> 今执无鬼论者曰："鬼神者，固无有。"旦暮以为教诲乎天下，疑天下之众，使天下之众皆疑惑乎鬼神有无之别，是以天下乱。（《明鬼》下）

此墨子之明鬼，全从道德政治之立脚地出者，其尊天之意亦不外此。故"子墨子置立天之（当作"志"），以为仪法"（《天志》下）。则其天与鬼之说，为政治道德上整理的原理，而非形而上学建设的原理，甚明也。

第三章　伦理学（爱与利）

墨子既以天之意志在兼爱兼利，故人自不可不法天之兼爱兼利。此不独个人宜然，国家尤甚。其《兼爱》篇上曰：

> 圣人以治天下为事者也，必知乱之所自起，焉能治之；不知乱之所自起，则不能治。譬之如医之攻人之疾者然，必知疾之所自起，焉能攻之；不知疾之所自起，则弗能攻。治乱者何独不然，必知乱之所自起，焉能治之；不知乱之所自起，则弗能治。
>
> 圣人以治天下为事者也，不可不察乱之所自起。当察乱何自起？起不相爱。臣子之不孝君父，所谓乱也。子自爱不爱父，故亏父而自利；弟自爱不爱兄，故亏兄而自利；臣自爱不爱君，故亏君而自利。此所谓乱也。虽父之不慈子，兄之不慈弟，君之不慈臣，此亦天下之所谓乱也。父自爱也不爱子，故亏子而自利；兄自爱也不爱弟，故亏弟而自利；君自爱也不爱臣，故亏臣而自利。是何也？皆起不相爱。虽至天下之为盗贼者亦然，盗爱其室不爱其异室，故窃异室以利其室；贼爱其身不爱人，故贼人以利其身。此何也？皆起不相爱。虽至大夫之相乱家，诸侯之相攻国者，亦然。大夫各爱其家，不爱异家，故乱异家以利其家；诸侯各爱其国，不爱异国，故攻异国以利其国。天下之乱物具此而已矣。察此何自起？皆起不相爱。

> 若使天下兼相爱，爱人若爱其身，犹有不孝者乎？视父兄与君若其身，恶施不孝？犹有不慈者乎？视子弟与臣若其身，恶施不慈？故不孝不慈亡有。犹有盗贼乎？故视人之室若其室，谁窃？视人身若其身，谁贼？故盗贼亡有。犹有大夫之相乱家、诸侯之相攻国者乎？视人家若其家，谁乱？视人国若其国，谁攻？故大夫之相乱家，诸侯之相攻国者亡有。若使天下兼相爱，国与国不相攻，家与家不相乱，盗贼无有。君臣父子皆能孝慈，若此则天下治。故圣人以治天下为事者，恶得不禁恶而劝爱？故天下兼相爱则治，交相恶则乱。故子墨子曰：不可以不劝爱人者，此也。

墨子所谓“爱”与儒家之所谓“仁”，其意不甚相异，然必加以“兼”之一字者，以人之爱其身家，亦得谓之爱，故爱他人之事，必以“兼”字冠之也。其但爱其身家者，谓之曰“别”。故曰：“别非而兼是。”（《兼爱》下）墨子以当时社会之偷薄，凡爱人之事，不患其过，而但患其不及，故矫枉而过其直耳。然墨子亦非主张无差别之爱者，曰：

> 吾不识孝子之为亲度者，亦欲人爱利其亲与？意欲人之恶贼其亲与？以说观之，即欲人之爱利其亲也。然即吾恶先从事即得此？若我先从事乎爱利人之亲，然后人报我以爱利吾亲乎？意我先从事乎恶人之亲，然后人报我以爱利吾亲乎？即必吾先从事乎爱利人之亲，然后人报我以爱利吾亲也。（《兼爱》下）

此虽属墨子辩论之一法，而其兼爱之说亦未必自爱亲之概念推演之。然观夷之所云“爱无差等，施由亲始”，又观《亲士》《尚贤》二篇，则不但主张先后之别，亦主张厚薄之别，固不可诬也。

墨子每以“爱”与“利”并举，然“利”者无他，不过“爱”之结果耳。自其发于吾心者言之，则谓之“爱”；自其及于他人者言之，则谓之“利”。然则“爱”与“利”二者，墨子果何所重乎？自一方面言之，墨子自重人心之爱，而主张动机论者之说，曰：

> 巫马子谓子墨子曰：“子兼爱天下，未云利也；我不爱天下，未云贼也。功皆未至，子何独自是而非我哉？”子墨子曰：“今有燎者于此，一人奉水将灌之，一人掺火将益之，功皆未至，子何贵于二人？”巫马子曰：“我是彼奉水者之意，而非夫掺火者之意。”子墨子曰：“吾亦是吾意，而非子之意也。”（《耕柱》）

然从他方面观之，墨子之明兼爱，实以有利于人故，而主张结果论者也。

> 公输子削竹木以为鹊，成而飞之，三日不下。公输子自以为至巧，子墨子谓公输子曰：“子之为鹊也，不如匠之为车辖。须臾刘三尺之木，而任五十石之重。故所为功，利于人谓之巧，不利于人谓之拙。”（《鲁问》）

墨子以“利”之一概念为其道德政治上之根本主义。于是从此概念而演绎非攻、节葬、节用、非乐之说。其非攻、节用二者与儒家之说无异，故不论。独略述其节葬、非乐之说。其说节葬曰：

> 意亦使法其言，用其谋，计厚葬久丧，诚可以富贫众寡、定危治乱乎？则仁也，义也，孝子之事也，为人谋者不可不劝也。意亦使法其言，用其谋，若人厚葬久丧，实不可以富贫众寡，定危治乱乎？则非仁也，非义也，非孝子之事也，为人谋者不可不沮也。是故求以富国家，甚得贫焉；欲以众人民，甚得寡焉；欲以治刑政，甚得乱焉；求以禁止大国之攻小国也，而既已不可矣；欲以干上帝鬼神之福，又得祸焉……若以此观，则厚葬久丧其非圣王之道也。（《节葬》下）

此全从功利上立论，与孔子之从人情上立论者大异。然其《修身》篇曰："丧虽有礼，而哀为本焉。"则墨子固非薄于亲者，特言其厚之之道，不在厚葬久丧耳。曰："以臧为其亲也而爱之，非爱其亲也；以臧为其亲也而利之，非利其亲也。"（《大取》篇）孔子曰："丧，与其易也，宁戚。"亦同此意也。

其非乐之说曰：

> 今惟毋在乎王公大人说乐而听之，即必不能蚤朝晏退，听狱治政，是故国家乱而社稷危矣……士君子说乐而听之，即必不能竭股肱之力，亶其思虑之智，内治官府，外收敛关市、山林、泽梁之利，以实仓廪府库……农夫说乐而听之，即必不能蚤出暮入，耕稼树艺，多聚叔粟，是故叔粟不足……妇人说乐而听之，即必不能夙兴夜寐，纺绩织纴，多治麻丝葛绪细布缕，是故布缘不

兴……将欲求兴天下之利，除天下之害，当在乐之为物，将不可不禁而止也。(《非乐》上)

此皆鉴当时社会之弊，而从利害上计算者，故曰："凡入国，必择务而从事焉。国家昏乱，则语之尚贤、尚同；国家贫，则语之节用、节葬；国家熹音沉湎，则语之非乐、非命；国家淫僻无礼，则语之尊天、事鬼；国家务夺侵凌，则语之兼爱、非攻。"(《鲁问》)其真意之所在，盖可见矣。

第四章　名学（概念论，推理论）

墨子之形而上学及伦理学之根本思想，与儒家不甚相异，唯其条目则大不同。于是欲辩护自己之说，不得不研究辩论之法。此我中国之名学所以始于墨家中发见之也。墨子之名学说，见于《经》上下、《经说》上下、《大取》《小取》六篇中。《经》下、《经说》上下三篇，其属辞引例皆当时熟语故事，又多夺句误字，今不可解。可全解者，唯《经》上及《小取》二篇耳。而《经》上但下"名"之定义，而不论下定义之法则，故可不论。《大取》篇亦多不可解，除一节外，余略与《小取》篇同意。此节论概念与个物之区别，实重要之断简也，曰：

小圜之圜与大圜之圜同。方至尺之不至也，与不至锺之至不异。其不至同者，远近之谓也。是璜也，非玉也；意楹非意木也。

盖"圜"者仅与以概念，而无大小之别；其有大小之别，唯个物为然。意"楹"非意"木"者，"楹"者个物，而"木"者概念。即公孙龙“白马非马”之说所从出也。

《小取》一篇列举推理之真妄，而亦不论推理之法则，然其述谬妄之种类，颇有可观者，以为一切谬妄皆起于比类。故曰：

> 夫物有以同，而不率遂同，辞之侔也，有所至而正。其然也，有所以然也。其然也同，其所以然也不必同。其取之也，有所以取之。其取之也同，其所以取之不必同。是故辟、侔、援、推之辞，行而异，转而危，远而失，流而离本，则不可不审也。

由是而分推理为是而然、是而不然、一害而一不害、一是而一不是四者。第一种，如：

> 白马，马也；乘白马，乘马也。骊马，马也；乘骊马，乘马也。获，人也；爱获，爱人也。臧，人也；爱臧，爱人也。此乃“是而然”者也。

然应用此法于他处，则生种种之谬妄。如：

> 获之视（毕注云：当为“事”。愚按：当作“亲”），人也；获事其亲，非事人也。其弟，美人也；爱弟，非爱美人也。

由名学上言之，前者言辞暧昧之谬妄，后者偶然性之谬妄也。又如：

> 车，木也；乘车，非乘木也。船。木也；人船（愚按：疑“入船”之误），非人木也。盗，人也；多盗，非多人也；无盗，非无人也。奚以明之？恶多盗，非恶多人也；欲无盗，非欲无人也……此乃“是而不然”者也。

此由我国言语中无全称、特称之区别，故多有谬妄，而前提中之所谓“人”与结论中之所谓“人”，其范围之广狭异焉，故也。盖前提中之人指人之一小部分，而结论中之人则指人类之全体故也。但自形式上观之，则与“白马，马也；乘白马，乘马也”之推理，无以或异。故应用此形式而不考事实之如何，其不陷于此谬妄者鲜矣。至所谓“一害而一不害”“一是而一不是”者，亦由比类而起，曰：

爱人，待周爱人，而后为爱人；不爱人，不待周不爱人，不（愚按：此字衍）失周爱，因为不爱人矣。乘马，待周乘马（愚按：当作“不待周乘马”），然后为乘马也；有乘于马，因为乘马矣。逮至不乘马，待周不乘马，而后为不乘马。而后不乘马（愚按：此五字衍）此“一周而一不周”者也。（愚按：此墨子自主张其兼爱说。爱人，指无人不爱；而不爱人，指不兼爱者，非指兼不爱者也，乘马之例反是。乘马不待其人全乘于马上，然后谓之乘马。不乘马，必俟其下马后，方可谓之不乘马。此由一家之学说与一时之习惯立论，非纯由名学上观察者也。）居于国，则为居国，有一宅于国，而不为有国。桃之实，桃也；棘之实，非棘也。问人之病，问人也；恶人之病，非恶人也。人之鬼，非人也；兄之鬼，兄也。祭人之鬼，非祭人也；祭兄之鬼，乃祭兄也。之马之目盼，则为（毕注：当作“谓”）之马盼；之马之目大，而不谓之马大。之牛之毛黄，则谓之牛黄；之牛之毛众，而不谓之牛众。一马，马也；二马，马也。马四足者，一马而四足也，非两马而四足也。一马，马也。马或白者，二马而或白也，非一马而或白。（此亦由吾国言语，无全称、特称、单称之别，故有此谬妄）此乃“一是而一非”也。

然墨子非谓推理中有“是而然”“是而不然”“一害而一不害”“一是而一不是”之四种也，不过前二节分之，后二节合而论之耳。而不是之源，由于见一推理之形式之有时而真，而遂应用之于他处，一切谬妄皆由此起。然墨子虽列举事实，而不能发见抽象之法则，以视雅里大德勒之推论，遂不免如鲁卫之于秦晋也。

要之，墨子之名学实自其欲攻儒家之说以伸己说始，与希腊哀列亚派之芝诺，欲证明物之不变化不运动，而发明辩证论者相同。然希腊之名学自芝诺以后，经诡辩学者之手，至雅里大德勒，而遂成一完全之科学。而墨子之后，如惠施、公孙龙等，徒驰骋诡辩，而不能发挥其推理论，遂使名学史上殆无我中国人可占之位置，是则可惜者也。

1906年3月《教育世界》121号

列子之学说

列子以关尹子、壶丘子林、老商等为师，而三子之学俱由老子之学而出，则列子之为老子学派之后继者，自不待言。张处度序之曰：

> 其书大略明群有以至虚为宗，万品以终灭为验，神惠以凝寂常全，想念以著物自丧，生觉与化梦等情，巨细不限一域，穷达无假智力，治身贵于肆任，顺性则所之皆适、水火可蹈，忘怀则无幽不照。此其旨也。然所明往往与佛经相参，大归同于老庄，属辞引类，特与庄子相似。

可谓能举是书之大体者矣。一言以蔽之，列子之根本思想不外袭老子之自然说、虚静说。然老子之自然说，非纯全之无为自然说也；其虚静说，非纯全之虚无寂静说也。绎其本旨所在，别有一种真面目之理想或主张。然列子之说则实取老子之自然说、虚静说，充之于极端之地，而于老子之隐微的积极的一面竟抹杀之，故面目似同实异。易言以明之，则列子之学说不过取老子之根本思想，以游戏的娱乐的扩充之，而其结果所在，遂与佛教之厌世的寂静说，与庄子无止无界之思想相近云尔。又，老子之书多以简洁有力之格言体发表其思想，而列子则多以叙事的寓言的表现之，是亦其相异之一端也。以下就列子若何袭老子之根本思想，又若何推之于极端之处，一详述之。

列子于《天瑞》篇，先论天地之实体及其与万物之关系，曰：

> 有生不生，有化不化。不生者能生生，不化者能化化；生者不能不生，化者不能不化。故常生常化。常生常化者，无时不生，无时不化。阴阳尔，四时尔，不生者疑独，不化者往复。往复，其际不可终；疑独，其道不可穷。《黄帝书》曰："谷神不死，是谓玄牝。玄牝之门，是谓天地之根。绵绵若存，用之不勤。"故生物者不生，化物者不化。自生自化，自形自色，自智自力，自消自息。谓之生化形色智力消息者，非也。

此列子以生生化化之"现象"，与不自生生化化而为一切生生化化之根本之"实体"，区别为二也。至谓生生化化非有主宰者使然，乃实体所具之自然妙用使然，极与老子相似。其谓实体（即彼之所谓"疑独"或"往复"）之无终无际，与老子所谓"独立不改，周行而不殆"，殆若合符节已。列子以为万有者流转变化，而无已时，曰："故物损于彼者盈于此，成于此者亏于彼。"盖谓生生死死，虽无穷极，而实体之自身则毫无增减损益。非保此冥一常恒之实体，则亦不得为一切万有之根据也。

列子进而论天地开辟之状况，与万物生成之次第，曰：

> 夫有形者生于无形，则天地安从生？故曰：有太

易，有太初，有太始，有太素。太易者，未见气也；太初者，气之始也；太始者，形之始也；太素者，质之始也。气、形、质具而未相离，故曰浑沦。浑沦者，言万物相浑沦而未相离也。视之不见，听之不闻，循之不得，故曰易也。易无形埒，易变而为一，一变而为七，七变而为九，九变者究也，乃复变而为一。一者形变之始也，清轻者上为天，浊重者下为地，冲和气者为人。故天地含精，万物化生。（《天瑞》篇）

列子之所谓“太易”或“浑沦”，与《易·系辞》之“太极”、老子之“道”与“浑成”，实同一物。与前所谓“疑独”“往复”者，皆指天地万有之实体而言。即谓其为物，冥一而不变，不可以视，不可以名，不具形质，而浑然概括一切形质者是也。其论由“浑沦”而生万有之次第也（借斯宾塞之语表之，则由同质之状生异质之物是），则谓由“太易”而生“太初”，由“太初”而生“太始”，由“太始”而生“太素”，然后天地万有森然而生焉。列子于一实体与个个物体之间，置许多阶段，而说其发展之次第。此与《易》及老子之说、新柏拉图派之分出论的思想，恰同一辙。然尚有宜注意者，列子所指实体，全属于物质的，与老子之“道”之稍含精神的意义者不同，又与新柏拉图派之“神”之以睿智的精神的属性胜者亦不同，宁与希腊初代哲学家雅克讷希曼多罗［按，阿那克西曼德］之“脱雅摆伦”相似。观于“太易者，未见气也”一语，则其物虽在浑然未剖之姿，然其不免为一物质的，则究不可争也。

以上即列子之实体论及天地开辟论之一斑，毕竟取老子之思想而更详述之者，但其思索之法，较老子更合于论理的而已。而列子一切学说皆建设于此一种实体论、开辟论之上，亦与老子无异。详而言之，则所谓“道”，乃虚静自然而能生生一切之物之根本思想，亦为其人生观之中枢。彼以为色声香味等有生者，即有生之者，而其生之者乃无声无色无味无臭者也。惟其无也，故为万变之主宰。《天瑞》篇曰：

生之所生者死矣，而生生者未尝终；形之所形者实矣，而形形者未尝有；声之所声者闻矣，而声声者未尝发；色之所色者彰矣，而色色者未尝显；味之所味者尝矣，而味味者未尝呈。皆无为之职也。能阴能阳，能柔能刚，能短能长，能圆能方，能生能死，能暑能凉，能浮能沉，能宫能商，能出能没，能玄能黄，能甘能苦，能羶能香。无知也，无能也，而无不知也，而无不能也。

观此，则列子思想之同于老子益信，但较之详明耳。其曰“无为之职”，与曰“无知也，无能也，而无不知也，而无不能也”，即老子所谓“无为之有为”耳。此外如：

至言去言，至为无为。（《黄帝》篇）

争鱼者濡，逐兽者趋，非乐之也。故至言去言，至为无为。（《说符》篇）

知而忘情，能而不为，真知真能也。（《仲尼》篇）

静也虚也，得其居矣；取也与也，失其所矣。胜事之破砺，而后有舞仁义者，弗能复也。（《天瑞》篇）

天下有常胜之道，有常不胜之道。常胜之道曰柔，常不胜之道曰强。（《黄帝》篇）

凡此者不过就“无为之有为”之一思想，以种种言语表之，置之老子书中，殆难以猝别也。但老、列二家大体之根本思想虽同，而其实尚有差别。老子虽说“无为之有为”，而仍注重于有为之一面（但与列子较则然；若与邹鲁学者较，则老子固置重无为者也），然列子则宁注重于无为之一面。此种差别，大而观之，殆不可得，然欲研究二家之学派，则此点最不可忽过也。老子说无为而常着眼于由无为而来之有为；列子亦说有为，而其说之所趋，竟全归于无为。老子于其无为自然说之中，尚寓积极的理想；而列子则消极的也，无理想的也。老子多忧时慨世之精神；列子多厌世遁俗之思想。故老子多说反言的真理，教人以处世之道；列子惟一意以求解脱而已。在老子，则现在社会尚为一关心之对境，其矫激之言，毕竟由以道济世之诚而出；而列子绝不注意于社会之救济问题，以现世为梦幻之一境，以解脱为惟一之目的而已。固知老子之思想中亦非无梦幻观、厌世观，然固不如列子之为甚也。要之，谓列子乃推衍老子之无为自然说，而达于极端者，此说殆不可争也。

列子于知识论上抱一种怀疑论，而以一种巧妙之笔，抹杀万物之差别，与《庄子·齐物论》同。彼以为物之有大小、巨细、长短、迟速者，以吾人随意立为标准，与以制限，是人为之差别，非物之本有差别也。《汤问》篇曰：

荆之南有冥灵者，以五百岁为春，五百岁为秋。上古有大椿者，以八千岁为春，八千岁为秋。朽壤之上有菌芝者，生于朝，死于晦。春夏之月有蠓蚋者，因雨而生，见阳而死。终发北之北，有溟海者，天池也。有鱼焉，其广数千里，其长称焉，其名为鲲。有鸟焉，其名为鹏，翼若垂天之云，其体称焉。世岂知有此物哉？禹行而见之，伯益知而名之，夷坚闻而志之。江浦之间生么虫，其名曰焦螟，群飞而集于蚊睫，弗相触也。栖宿去来，蚊弗觉也。离朱、子羽方昼拭眥，扬眉而望之，弗见其形；䚕俞、师旷方夜擿耳，俯首而听之，弗闻其声。唯黄帝与容成子居空峒之上，同斋三月，心死形废。徐以神视，块然见之，若嵩山之阿；徐以气听，砰然闻之，若雷霆之声。

此即谓小者不必小，大者不必大，短者不必短，长者不必长。其有大小长短之别者，由吾人与以随意之限制，又持一不自然之标准而比较之耳。去此随意之限制与不自然之标准，则小亦为无限之大，大亦为无限之小，巨细长短相杀，荡荡然入于无差别之域矣。吾人之知识究不能识万物大小长短之别，故吾人不可不舍此无用之辨也。

列子更以此种怀疑论推之于伦理道德，欲举是非善恶之差别而悉灭之。以为是非善恶之辨，皆出于人心之迷，即不过持一人之私见，造此无用之名词者耳，非有客观的根据存乎其间也。故曰："心将迷者，先识是非。"(《仲尼》篇)虽然，是非同一迷矣，而是非之辨实际对立于世间者，何也？从列子意，则由迷之多寡而生，众寡相倾，则是非之辨成矣。《周穆王》篇曰：

> 秦人逢氏有子，少而惠，及壮而有迷罔之疾。闻歌以为哭，视白以为黑，飨香以为朽，尝甘以为苦，行非以为是；意之所之，天地四方，水火寒暑，无不倒错者焉。杨氏告其父曰："鲁之君子多术艺，将能已乎，汝奚不访焉？"其父之鲁，过陈，遇老聃，因告其子之证。老聃曰："汝庸知汝子之迷乎？今天下之人皆惑于是非，昏于利害，同疾者多，固莫有觉者。且一身之迷不足倾一家，一家之迷不足倾一乡，一乡之迷不足倾一国，一国之迷不足倾天下，天下尽迷，孰倾之哉！向使天下之人，其心尽如汝子，汝则反迷矣！哀乐、声色、臭味、是非，孰能正之？且吾之言未必非迷，而况鲁之君子，迷之邮者，焉能解人之迷哉？荣汝之粮，不若遄归也。"

观此寓言，则虽谓列子意中谓真理之根据乃从多数以为决者，可也。即谓一切真理非有所以为真理之客观的根据，究令有之，亦不能以吾人之知识决之，是即于知识论上取一种怀疑说之见地者也。其曰"吾言未必非迷，而况鲁之君子"云云，则于怀疑说之论理的结论，已不惮明言以揭之矣。夫绝对的怀疑说，不能不终于自杀，对一切而怀疑矣，则此所怀之疑，亦遂失其成立之根据。列子于知识论上正陷于此自杀的怀疑论者之地位者也。而吾人于此，益见列子之说，实一面发展老子之根本思想，而得其当然之论理的结果；又一面超过老子之外，而具一种特殊之面目焉（前述之寓言乃列子假托老子之口，而自表其思想者也）。固知老子之思想中亦有关于知识论者，其曰“道可道，非常道；名可名，非常名”者，是即谓世间仁义是非之名目或知识，究不能得道之真相也。谓此与知识论上之怀疑论相近，亦何不可？惟是老子虽疑世俗所谓是非善恶之根据，欲举一切人为者不自然者而泯灭之，然一面亦超越此等差别，而认识其知识之对象。何者？“道”或“自然”是也。彼纵以世俗之是非善恶之知识为迷罔、为无根据，然彼之视“道”，则惟一而真实之知识也、善也。欲排斥世间一切知识，毕竟为欲立一真知识耳。由此言之，则老子之于知识论上自非绝对的怀疑论者，宁唱道真实之知识者耳。吾人故曰：列、老二家，其关于知识论之思想，虽大致略同，然其于结论上固明明相异也。

列子于知识论上既取绝对的怀疑说矣，则彼之于人生观，其带一种厌世的倾向，而近于佛教，亦奚足怪？若老子，虽亦有厌世的思想（《老子》曰：“吾所以有大患者，为吾有身，及吾无身，吾有何患？”是亦其厌世思想之一斑也），然固不若列子之为甚矣。列子之厌世思想，于其死生观最足见之。其书说死生之处，不一而足，试备引之：

> 精神者天之分，骨骸者地之分，属天清而散，属地浊而聚。精神离形，各归其真，故谓之鬼。鬼，归也，归其真宅。……人自生至终，大化有四：婴孩也，少壮也，老耄也，死亡也。其在婴孩，气专志一，和之至也，物不伤焉，德莫加焉；其在少壮，则血气飘溢，欲虑充起，物所攻焉，德故衰焉；其在老耄，则欲虑柔焉，体将休焉，物

莫先焉，虽未及婴孩之全，方于少壮间矣；其在死亡也，则之于息焉，反其极矣。……死之与生，一往一反。故死于是者，安知不生于彼？故吾知其不相若矣。吾又安知营营而求生非惑乎？亦又安知吾今之死不愈于昔之生乎？……子贡倦于学，告仲尼曰："愿有所息。"仲尼曰："生无所息。"子贡曰："然则赐息无所乎？"仲尼曰："有焉耳。望其圹，睪如也，宰如也，坟如也，鬲如也，则知所息矣。"子贡曰："大哉死乎！君子息焉，小人伏焉。"仲尼曰："赐！汝知之矣。人胥知生之乐，未知生之苦；知老之惫，未知老之佚；知死之恶，未知死之息也。晏子曰：'善哉，古之有死也！仁者息焉，不仁者伏焉。'死也者，德之徼也。古者谓死人为归人，夫言死人为归人，则生人为行人矣。行而不知归，失家者也。一人失家，一世非之；天下失家，莫知非焉。有人去乡土，离六亲，废家业，游于四方而不归者，何人哉？世必谓之为狂荡之人矣。又有人钟贤世，矜巧能，修名誉，夸张于世而不知已者，亦何人哉？世必以为智谋之士。此二者，胥失者也，而世与一不与一。唯圣人知所与，知所去。"（《天瑞》篇，"孔子""子贡""晏子"皆假托之词）

观此则列子之炽于厌世思想，实远过于老氏，而与佛家之寂灭为乐说，其意相近，无待论也。吾人谓列子承老子之思想而更推而极之，至具一特殊之面目者，此非其一证欤？

具此厌世思想之列子，其不置重于社会国家之救济，而宁置重于个人之安心或解脱，斯固自然之倾向耳。个人的解脱之思想，在老子似亦未尝无之，然至列子，则更推之于极端，似以为得解脱者有一种神通力。《黄帝》篇曰：

赵襄子率徒十万，狩于中山，藉芿燔林，扇赫百里。有一人从石壁中出，随烟烬上下。众谓鬼物，火过，徐行而出，若无所经涉者。襄子怪而留之，徐而察之：形色七窍，人也；气息音声，人也。问："奚道而处石？奚道而入火？"其人曰："奚物而谓石？奚物而谓火？"襄子曰："而向之所出者，石也；而向之所涉者，火也。"其人曰："不知也。"

此等怪诞之例所引尚多。然则列子意中殆亦信解脱之极，真能有此神通自在之一境欤？至吾人如何而得此神通自在之力，列子亦说及之，彼归之于无心自在之德。曰：

列子问关尹曰："至人潜行不空，蹈火不热，行乎万物之上而不栗。请问何以至于此？"关尹曰："是纯气之守也，非智巧果敢之列。……壹其性，养其气，含其德，以通乎物之所造。夫若是者，其天守全，其神无郤，物奚自入焉？夫醉者之坠于车也，虽疾不死，骨节与人同，而犯害与人异，其神全也。乘亦弗知也，坠亦弗知也。死生惊惧不入乎其胸，是故逆物而不慴。彼得全于酒，而犹若是，而况得全于天乎？圣人藏于天，故物莫之能伤也。"（《黄帝》篇）

其曰“纯气之守”，曰“其天守全”，曰“其神无郤”，曰“得天全”者，即无心而顺自然之谓耳。抑守此无心之德以达于解脱之域者，其径路如何？列子更述其次序阶段，曰：

> 自吾之事夫子友若人也（夫子谓老商，若人谓伯高），三年之后，心不敢念是非，口不敢言利害，始得夫子一眄而已。五年之后，心庚念是非，口庚言利害（“庚”当作“更”），夫子始一解颜而笑。七年之后，从心之所念，庚无是非，从口之所言，庚无利害，夫子始一引吾并席而坐。九年之后，横心之所念，横口之所言，亦不知我之是非利害欤？亦不知彼之是非利害欤？亦不知夫子之为我师，若人之为我友，内外进矣。而后眼如耳，耳如鼻，鼻如口，无不同也。心凝神释，骨肉都融，不觉形之所倚，足之所履，随风东西，犹木叶干壳，竟不知风乘我耶？我乘风乎？（《黄帝》篇）

彼新柏拉图一派之神秘哲学者，谓吾人能绝一一切差别对待之意识，而返还于无我绝对之境，尝就其恍惚之状态以词表之。列子此言殆有与之相似者。此等之说，苟善解之，原未可斥为无稽之想。彼禅家与婆鲁芝诺[按，普罗提诺]等，亦自就悟道之事，述其一种神秘的实验矣。但列子之于神秘的实验，不以精神的描之，而以形体的描之，不免贻荒诞之讥耳。

要之，列子之述解脱之旨趣、内容、方法、次序等，实较老子为精，而两家学派之显异，亦于此益信也。老子亦说解脱，然其所以为理想者，“圣人”也。老子之所谓圣人，体无为自然之德，而非与世俗全绝者也，若列子之所以为理想者，则“神人”耳。如前所述，老子之贵无为者，欲因之大有所为；其排斥“常名”“常善”者，为欲实现其真善（即“道”）之理想也。彼以为圣人好处无为之地、守阴性之所者，毕竟欲由所谓反转之理，以收有为积极之效果；而又本其反转之理，就处世上，设为利己的自虑的之训言。故老子乃一真面目之理想家也。至列子，则于现实理想之努力及其意识皆抛弃之，惟以寂然解脱为至人之面目。故曰：列子之学说实偏于个人的解脱者也。彼不但于知识论上，以怀疑的泯一切有无之辨，即于实践上道德上，亦偏于无依傍主义者也。彼不云乎：

> 得意者无言，进知者亦无言，用无言为言亦言，无知为知亦知。无言与不言，无知与不知，亦言亦知，亦无所不言，亦无所不知，亦无所言，亦无所知。（《仲尼》篇）

盖谓吾虽无为、无言、无知，然若稍有意识，稍有目的，存乎其间，则即非无为、无言、无知。故必忘一切，且并其所谓“忘一切”之“忘”，而亦忘之也。由是观之，是列子于行为之境，亦不外一种绝对的怀疑论，其结论之所趋，归于寂灭而已矣。谓列子承老子之根本思想，而更推而极之，至具一特殊之面目，此非又其一证欤?

彼列子之伦理思想，其偏于个人的解脱也如此。然彼政治上之意见似未尝无之也，政治上之意见全与老子相似。《仲尼》篇曰：“位之者无知，使之者无能，而知之与能，为之使焉。”意谓为人君者，不自居于知能之地，而但守无为自然之德，故群才争为之用也。又假钓者之辞，以论为政之道。《汤问》篇曰：

> 当臣之临河持竿，心无杂虑，唯鱼之念，投纶沉钩，手无轻重，物莫能乱。鱼见臣之钩饵，犹沉埃聚沫，吞之不疑。所以能以弱制强，以轻致重也。大王治国，诚能若此，则天下可运于一握，将亦奚事哉！

是亦谓治国之道在乎自然主义、放任主义，与老子之治国论固无别也。此外涉及政治之语，散见于各处，然究是枝叶之论，未可视为列子之政治思想。盖彼之根本思想究在于个人的解脱，而于社会国家之救济问题，非彼所措意者也。

列子本其个人的解脱之思想，而以为有一种空想国存焉，且累辞以形容其状态。《黄帝》篇曰：

> 华胥氏之国在弇州之西，台州之北，不知斯齐国几千万里，盖非舟车足力之所及，神游而已。其国无帅长，自然而已；其民无嗜欲，自然而已。不知乐生，不知恶死，故无夭殇；不知亲己，不知疏物，故无爱憎；不知背逆，不知向顺，故无利害。都无所爱惜，都无所畏忌。入水不溺，入火不热，斫挞无伤痛，指擿无痟痒。乘空如履实，寝虚若处床。云雾不硋其视，雷霆不乱其听，美恶不滑其心，山谷不踬其步，神行而已。

又曰：

> 列姑射山，在海河洲中。山上有神人焉，吸风饮露，不食五谷，心如渊泉，形如处女。不偎不爱，仙圣

为之臣；不畏不怒，愿悫为之使。不施不惠，而物自足；不聚不敛，而己无愆。阴阳常调，日月常明，四时常若，风雨常均，字育常时，年谷常丰。而土无札伤，人无夭恶，物无疵厉，鬼无灵响焉。

吾人读此，辄忆及老子所谓理想社会之一段，且于此益见列子之思想实有超过乎老子之思想，而达于极端者。老子于其理想社会，惟描写一种自然人之状态。列子则更进一步，而描写仙乡、神境者也。

列子之思想中则最足注意者，其对天道或天命之思想也。老子似谓天道与人道之间有一种道德感应上作用，由其“天道无亲，常与善人”一语，可以推之。而列子之思想则与此全然反对也（固知老子之福德报应之思想，与三代时通俗之意义不同，或谓有一种随德而至之精神的报应耳。然即此种意义之福德报应，亦列子所不取也）。所谓惟德动天之思想信仰，彼固明明排斥之。《力命》篇曰：

力谓命曰：“若之功奚若我哉！”命曰：“汝奚功于物，而欲比朕？”力曰：“寿夭、穷达、贵贱、贫富，我力之所能也。”命曰：“彭祖之智不出尧舜之上，而寿八百；颜渊之才不出众人之下，而寿四八；仲尼之德不出诸侯之下，而困于陈蔡；殷纣之行不出三仁之上，而居君位。季札无爵于吴，田恒专有齐国。夷齐饿于首阳，季氏富于展禽。若是汝力之所能，奈何寿彼而夭此，穷圣而达逆，贱贤而贵愚，贫善而富恶邪？”力曰：“若如若言，我固无功于物，而物若此邪？此则若之所制邪？”命曰：“既谓之命，奈何有制之者邪？朕直而推之，曲而任之。自寿自夭，自穷自达，自贵自贱，自富自贫。朕岂能识之哉？朕岂能识之哉？”

是即谓智德与天命（或幸福）之间，往往不相合，而备引故事以证实之。以为凡如此者，皆自然之天命，非吾人之知力德力所得而左右之者也。当三代时，所谓福德合一实为中国民族之通有思想，对之有特殊之见解者，殆列子一人而已。且列子之天命主义，不但就自然上之事实（即寿夭穷达富贵贫贱等）言之，更于知力上、道德上、精神上，及一切人间之事，皆赅括而言之。《力命》篇曰：“鲍叔非能举贤，不得不举贤；小白非能用仇，不得不用。”然则列子之思想，不得不谓之曰：实取一种宿命说、必至说、定业说之见地者也。彼不承认吾人之自力与吾人之自由，谓凡事由天命而定，吾人决无变更之力。故吾人之对自然或天命，当处于绝对地服从之地位。毕竟彼之天命主义即其冷眼主义耳。固知孟荀诸子与斯多噶派，非不于伦理上唱一种冷眼主义，然其实与列子不同。彼等概区别天道与人道（或自然界与道德界），而谓寿夭、穷达、富贵、贫贱等皆人力莫可如何之事（孟子之所谓“在外者”，斯多噶派之所谓“外善”），故其有无得失，无关于为人之价值。然属于人道或道德界之事（孟子之所谓“在我者”，斯多噶派之所谓“理性之动作”），得以吾人之自力与意志自由致之。人之价值专系乎此。而列子则不然。彼于自然界与道德界之间，不设严密之区别，谓不但自然界之事实为然，即吾人之智识德行，亦非意志与自力之所关，而皆天命所使然。故彼之于道德界仅见有必然的，而不见所谓当然的。彼不惟于知识上挟一种怀疑的思想，又于道德上亦有一种不可知的思想者也。从彼之意，则吾人以无心无为为贵，凡事任诸自然而已。彼所恃为安心立命之根据者即在于此。而其为是说者，毕竟由其全体之立脚地而来，无足异也。吾人于此，觉当时之思想界实有两极端之对峙。邹鲁学派之努力主义、人为主义，由荀子而发展至于极端。荀子重自力，殆谓吾人之智力心力，亦可制天命而利用之。而列子则取荆楚学派之自然主义、无为主义，而推之于极端者也。

列子虽为黄老思想之继续者，然亦推尊孔墨，其于孔子亦然。观其《仲尼》一篇专述仲尼之言行，可以见也。他如《说符》篇之：

> 桀纣唯重利而轻道，是以亡。……人而无义，唯食而已，是鸡狗也；强食靡角，胜者为制，是禽兽也。为鸡狗禽兽矣，而欲人之尊己，不可得也。人不尊己，则危辱及之矣。

又《天瑞》篇之：

> 圣人之教，非仁则义。

皆特述仁义之语。然则列子于邹鲁学者之思想，固未尝冷视之或明攻之也，但彼之述孔子之言行也，不皆能传孔子之真意，宁取孔子之思想混合于自己思想之中，不过借孔子之言行以表现己之根本思想耳。《仲尼》篇曰：

> 仲尼闲居，子贡入侍，而有忧色。子贡不敢问，出

告颜回，颜回援琴而歌。孔子闻之，果召回入问曰："若奚独乐？"回曰："夫子奚独忧？"孔子曰："先言尔志。"曰："吾昔闻之夫子曰：'乐天知命故不忧。'回所以乐也。"孔子愀然有间曰："有是言哉！汝之意失矣！此吾昔日之言尔，请以今言为正也。汝徒知乐天知命之无忧，未知乐天知命有忧之大也。今告若其实，修一身，任穷达，知去来之非我，亡变乱于心虑，尔之所谓乐天知命之无忧也。曩吾修《诗》《书》，正礼乐，将以治天下，遗来世，非但修一身治鲁国而已。而鲁之君臣日失其序，仁义益衰，情性益薄。此道不行一国与当年，其如天下与来世矣？吾始知《诗》《书》、礼乐无救于治乱，而未知所以革之之方。此乐天知命者之所忧。"

观此，则列子固揣摩孔子之真意而寄与同情者也。然其下更转一语曰：

虽然，吾得之矣。夫乐而知者，非古人之谓所乐知也。无乐无知，是真乐真知。故无所不乐，无所不知，无所不忧，无所不为。《诗》《书》、礼乐，何弃之有？革之何为？

若是说者，与谓为孔子之言，宁谓为列子自身之言耳。何则？是即无为主义也，是仍列子之根本思想也。

列子于"梦"之现象具有一种超卓之见解，以为世人常别梦与觉，而以一为妄，以一为实，然二者之间实无所谓差别也。彼述一趣语曰：

周之尹氏大治产，其下趣役者，侵晨昏而弗息。有老役夫筋力竭矣，而使之弥勤。昼则呻呼而即事，夜则昏惫而熟寐，精神荒散。昔昔梦为国君，居人民之上，总一国之事，游燕宫观，恣意所欲，其乐无比，觉则复役。人有慰喻其勤者，役夫曰："人生百年，昼夜各分。吾昼为仆虏，苦则苦矣；夜为人君，其乐无比。何所怨哉！"尹氏心营世事，虑钟家业，心形俱疲，夜亦昏惫而寐。昔昔梦为人仆，趋走作役，无不为也，数骂杖挞，无不至也，眠中啽呓呻呼，彻旦息焉。尹氏病之，以访其友。友曰："若位足荣身，资财有余，胜人远矣。夜梦为仆，苦逸之复，数之常也。若欲觉梦兼之，岂可得邪？"尹氏闻其友言，宽其役夫之程，减己思虑之事，疾并少闲。

吾人每读此章，辄忆及法国哲学家巴什迦尔［按，巴斯噶］之言。巴氏言：有乞儿夜夜梦为王侯者，又有王侯夜夜梦为乞儿者，之二人者果孰为幸福之身乎？此其与列子之言洵若合符节已。吾人于梦之意识常轻视之，然如每夜同梦，则梦于吾人之意识生活上所占位置，固甚重大矣。如列子与巴什迦尔所言，其人之孰苦孰乐孰幸孰否，固未易判定也。

抑列子尚有一超卓之见解焉，是亦由其平等主义或宿命主义之根本思想而来者。《说符》篇曰：

齐田氏祖于庭，食客千人。中座有献鱼雁者，田氏视之，乃叹曰："天之于民厚矣！殖五谷，生鱼鸟，以为之用。"众客和之如响。鲍氏之子，年十二，预于次，进曰："不如君言。天地万物与我并生，类也。类无贵贱，徒以小大智力而相制，迭相食，非相为而生之。人取可食者而食之，岂天本为人生之？且蚊蚋噆肤，虎狼食肉，非天本为蚊蚋生人、虎狼生肉者哉？"

此与近世所谓弱肉强食，生存竞争，优胜劣败，即生物进化论之思想，隐隐相通。在当时观之，不可谓非一卓见也。此种思想以较儒教之以人为中心，而观天地万物者，又基督教之一派或西洋哲学之一派之目的观、意匠观，即谓为适人类之要求而造成天地万物者，固不失为别开生面之见地矣。

综而论之，其怀疑论也，无差别论也，虚静主义也，冷眼主义也，宿命主义也，绝对的服从主义也，厌世思想也，非社会的倾向也，存养论也，解脱观也，无一不由老子之根本思想而来，而皆较老子更达于极点。但其偏于出世的个人的消极的态度一面，故谓为伦理主义，究亦有所未安。且列子亦非如释迦、耶稣等常抱一种热诚，欲以己所体得之解脱观救济一切众生也。彼于其主义思想，又于其性行态度，要皆偏于个人的。虽然，列子之学说，与谓为伦理说，宁谓为一种神秘哲学或悟道观，而于东洋思想史上放一异彩者也。若夫其言论之洒脱轻妙，其解悟之缥缈空灵，其解脱方法论之详密，其存养工夫之亲切，能使读其书者惝乎离现实之世界，而入理想之天地焉矣。

1906年8月《教育世界》131、132号

子思之学说

第一章　传及其著书

孔子年十九，娶于宋之亓官氏，一岁而生伯鱼。伯鱼之生也，鲁昭公以鲤赐孔子，荣君之贶，故名之曰“鲤”，字伯鱼。伯鱼年五十，先孔子卒，即伯鱼之卒，当孔子六十九岁也。《论语·先进》曰：

> 颜渊死，颜路请子之车以为之椁。子曰：“才不才，亦各言其子也。鲤也死，有棺而无椁。吾不徒行以为之椁，以吾从大夫之后，不可徒行也。”

以此观之，伯鱼之卒在颜渊之前，而又在孔子在鲁之时，即当在孔子年六十八岁返鲁以后也。不然，则当在孔子五十五岁以前。而子思之生亦当在孔子五十岁前后也。然据《孟子》《檀弓》《汉书·艺文志》皆云子思晚年为鲁穆公之师。穆公即位在周威烈王十九年。如子思之生在孔子五十前后，则此时当年九十明矣，其说难信。故若以伯鱼之死在孔子返鲁以后，而子思之生略前于此，则子思之为穆公师时，年七十七、八，是尚可信也。《困学纪闻》之说亦如此，则《孔子家语》谓伯鱼年五十而死，是也。

子思生于孔子之晚年，伯鱼之子也。孔子不甚注意于其子之教育，观陈亢问伯鱼之语，而曰“闻君子之远其子”，可以见已。又伯鱼似非甚明哲之人，孔子就颜渊之死，而曰“才不才，亦各言其子也”，则颜渊与伯鱼，其贤明之度之相去明矣。就伯鱼之事，史传无一言之者。

子思之事迹，史传不详。《孔丛子》谓子思被围于宋，然其书不可信。刘向《说苑》曰：子思在卫甚苦，田子方赠以狐白裘，不受。孟子亦言其居卫之事，又其晚年为鲁穆公之师，出于《孟子》《檀弓》《艺文志》。由此观之，子思之年当至八十岁，而经过孔子学派全盛之时代者也。

子思不知学于何人，意七十子之徒皆其师乎？唯韩愈《送王埙序》曰：“子思之学盖出曾子。”此不过想象之说，故以“盖”字疑之。伊川信之，至朱子遂去“盖”之一字。观《檀弓》：曾子谓子思曰“伋”汝云云，语气虽似师弟，然观其下文所述，乃敌体之问答，不能以《檀弓》之词而遂断为曾子之门人也。

孔子之学说之根柢，仁也。仁者不可名状，又人之所以不可不仁，不能由理论证明之，譬诸无基础之宫室，此其缺点也。比之老子自宇宙之根本说来者，甚为薄弱。老子之说出，孔子之说危，此必然之势也。于是子思乃从宇宙说起，以证人伦之为宇宙必然之法则，《中庸》之本意即在于此。曾子，孔子之徒也，故用社会上之文字而谓之曰“忠恕”。然子思用更普遍之文字而谓之曰“诚”。前者社会问题，后者宇宙问题也。此二者虽不必相矛盾，决不可同类视之也。故吾人以《中庸》为反于孔子之正传，乃孔子学派对老子而欲保其独立之位置而作者也。然《中庸》实儒教哲学之渊源，通孟子而至宋代，遂成伟大之哲学者也。

第二章　本论

第一节　形而上学

孔子之“仁”，伦理的概念也，圣人之本能也。曾子窥破此本能，而谓之曰“忠恕”。忠恕所以维持人类社会者，而子思以“诚”之一字形容之，更进而以“诚”为各人之本性。苟人率其性而行，则行而无不正。故曰：“天命之谓性，率性之谓道。”是以彝伦存于人之天性中，后世儒教哲学之根本全在于此。然《中庸》于思索之途径，不止于此。以为人之性质之动而合于彝伦也，恰如鸢之飞、鱼之跃，此等皆自然而能然者。寻其所以然之源，则由于“诚”之发现。故一切万物，“诚”而已矣，故曰：“诚者物之终始，不诚无物。”而“诚”者是一而非二，有性而无量。自其为万物之根本观之，与叔本华之“意志”相似，故曰：“洋洋乎发育万物，峻极于天。”而“诚”又非盲目的活动，而有智力的成分者也，故曰：“至诚之道，可以前知。国家将兴，必有祯祥；国家将亡，必有妖孽。见乎蓍龟，动乎四体，祸福将至，善必先知之，不善必先知之，故至诚如神。”诚，绝对也，不变也，无始终也，常活动也，故曰：“故至诚无息，不息则久，久则征，征则悠远，悠远则博厚，博厚则高明。”而诚者一切万物之本性，又人之本性也。

由此观之，子思以有伦理的意义之诚，为宇宙之根本主义，因之为各物之本性。故自子思目中观之，伦理的法则与物理的法则、生理的法则，皆同一也。自其发现之方面言之，虽千差万别，然求其根本，则无出于诚之外者，故曰："天地之道可一言而尽也，其为物不贰，则其生物不测。"而人之能返于诚者与自然无异，即与天地合体者也。故曰："唯天下至诚为能尽其性，能尽其性则能尽人之性，能尽人之性则能尽物之性，能尽物之性则可以赞天地之化育，可以赞天地之化育则可以与天地参矣。"

如此，以"诚"为宇宙之根本主义，为人类之本性，故彝伦者人性先天中所有者也。其驳击蔑视社会、排斥伦理之徒，可谓十分用意。今不问其论据之是非，如此飘然而涉宇宙问题，孔子之所梦想不到也。孔子平时之所说者，社会内耳，人情上耳，诗书执礼耳，与子思之说，其大小、广狭、精粗之差，果何如乎？宜哉荀卿洞察之，曰："略法先王而不知其统，犹然而材剧志大，闻见杂博。案往旧造说，谓之五行，甚僻违而无类，幽隐而无说，闭约而无解。案饰其辞而祗敬之曰：此真先君子之言也。子思唱之，孟轲和之。"（《非十二子》篇）

第二节　伦理学

若夫一切之事、一切之物，而皆为诚之发现，则人率其性，自无不合于道，教育之事可废矣。子思欲救此失，于是谓人性诚也，然其知之与行也，人各不同。知有种种之阶级：其上者"生而知之"，其次"学而知之"，其下"困而知之"。行亦有"安""利""勉强”之别。故人之本性虽为诚，然有不知其诚者，于是有教育之必要；有知之而不能行者，于是有训练之必要。果然，则知与行可谓妨碍诚之发现者也；即妨之者非知与行，然必有妨碍之者明矣。至此而子思所建设之一元论，不得不破而为二元论，即一面“诚”有伦理的实现性，一面有妨碍之者是也。

其所以有矛盾者，由“诚”有二义：一伦理上之意义，一实在之意义也。子思混而一之，以证人性之诚。其说宇宙之法则时，只有实在之意义；而其说人性也，又有伦理上之意义，而不悟其与事实相矛盾。于是至孟子，而不得不唱“性”“欲”二元论，亦自然之势也。

1905年7月《教育世界》104号

孟子之学说

第一章　传及其著书

孟子之生卒年月，古来诸说纷纷不定。第一，以孟子自言“君子之泽五世而斩，小人之泽五世而斩，予未得为孔子徒也，予私淑诸人也”观之，则其不及子思之门可知。《史记·列传》曰：“受业于子思之门人”是也。蔡孔炘《孟子年谱》定孟子之生年月日，为周烈王四年己酉四月二日，即去孔子之卒一百零七年也。

孟子，邹人也，名轲，字子舆。幼受母教，长而受业于子思之门人。道既通，适魏，惠王不能用。事齐宣王，位在三卿之中，说宣王以仁政王天下。时天下方合纵连横，以攻伐为贤，孟子乃述唐虞三代之德，人皆以为迂远而阔于事情，不遇而去。曰：“夫天未欲平治天下也。如欲平治天下，当今之世，舍我其谁也！”访滕文公，文公当世之贤君，其信孟子亦最笃，然以国小，不能行其志。孟子与苏、张同时游于诸侯之间，而其所说则冰炭不相容，视苏、张之徒如豚犬耳。景春曰：“公孙衍、张仪岂不诚大丈夫哉！一怒而诸侯惧，安居而天下息。”孟子曰：“是焉得为大丈夫乎？子未学礼乎？丈夫之冠也，父命之。女子之嫁也，母命之，往送之门，戒之曰：‘往之女家，必敬必戒，无违夫子！’以顺为正者，妾妇之道也。居天下之广居，立天下之正位，行天下之大道。得志与民由之，不得志独行其道，富贵不能淫，贫贱不能移，威武不能屈。此之谓大丈夫。”当天下混乱之时，以正自持，屹然而不动，足以想见其有豪杰之风。孟子之名声既洽于诸侯，四方之士相与谈论者颇多。淳于髡责孟子以“援天下”，与告子论性尤盛。孟子既不遇时，往来宋、鲁，滕、薛之间，不得行道之地，乃以阐明孔子之教、排斥杨墨之徒为己任，曰：“能言距杨墨者，圣人之徒也。”

孟子之卒，一曰周赧王二十六年正月十五日，然则距烈王四年之生，八十四年矣。

第二章　本论

第一节　人之性善也

（一）孟子之继承子思之学说，决无可疑者。孟子曰：“悦亲有道，反身不诚，不悦乎亲矣；诚身有道，不明乎善，不诚其身矣。是故诚者，天之道也；思诚者，人之道也。至诚而不动者，未之有也，不诚未有能动者也。”（《离娄》上）此与《中庸》之文正同。《中庸》第二十章曰：“顺乎亲有道，反诸身不诚，不顺乎亲矣；诚身有道，不明乎善，不诚乎身矣。诚者，天之道也；诚之者，人之道也。”孟子又曰：“尽其心者，知其性也，知其性则知天矣。存其心，养其性，所以事天也。”又曰：“万物皆备于我矣，反身而诚，乐莫大焉。”皆谓人之性即天之性也。而《中庸》亦云：“唯天下至诚，为能尽其性；能尽其性，则能尽人之性；能尽人之性，则能尽物之性；能尽物之性，则可以赞天地之化育；可以赞天地之化育，则可以与天地参矣。”亦谓天之性与人之性一，即与孟子之言，其所归，一也。孟子曰：“动容周旋中礼者，盛德之至也。”此与《中庸》所谓“诚者不勉而中，不思而得，从容中道，圣人也”，其意正同。由是观之，则《史记》谓孟子“受业于子思之门人”，非无据之言也。即孟子与子思同以“诚”为人之性。然“诚”者何？毕竟谓伦理的法则之渊源耳。伦理的法则，社会之所谓善也，故孟子从师说而断人性为善。

（二）孟子不但用演绎法以证人性之善，又以归纳法证明之。即于经验上证人性之善，曰：“今人乍见孺子相入于井，皆有怵惕恻隐之心，非所以内交于孺子之父母也，非所以要誉于乡党朋友也，非恶其声而然也。由是观之，无恻隐之心非人也，无羞恶之心非人也，无辞让之心非人也，无是非之心非人也。”此世俗之所谓人情，而孟子名之曰“不忍人之心”。更进而论之曰：“恻隐之心，仁之端也；羞恶之心，义之端也；辞让之心，礼之端也；是非之心，智之端也。人之有是四端也，犹其有四体也。”即谓仁义礼智四者，人先天中所具有也。故曰：“万物皆备于我矣。”“物”者非谓具体的物象，而谓伦理的法则也。高诱《淮南子》注曰：“物，犹事也”，即孟子先天良心论者也。曰：“人之所不学而能者，其良能也；所不虑而知者，其良知也。孩提之童无不知爱其亲者，及其长也，无不知敬其兄也。亲亲，仁也；敬长，义也。无他，达之天下也。”

第二节　欲

如此立论，于是孟子之说又不得不与子思生同一之矛盾。夫人性固善，然人类日常之行动，何以往往逸于伦理之轨范乎？天下之变乱纷纷不已，非证明此事实乎？若此等变化之根柢不在吾人之心性上，则社会的现象何以有此方面乎？孟子亦认之，曰“山径之蹊间，介然用之而成路，为间不用，则茅塞之矣。”其意以为人性虽善，然有蔽之者，则不能发挥其善。然则所以蔽之者何？曰：欲也。故曰：“养心莫善于寡欲。其为人也寡欲，虽有不存焉者寡矣；其为人也多欲，虽有存焉者寡矣。”然孟子自其先天良心论观之：（一）以欲为比良心，非根本的；（二）以欲虽有蔽善之消极的性质，而无现于行动之积极的性质者也。荀子则不然，以欲为积极的性质，而伦理之法则不过制抑之之消极的作用耳。

第三节　修身论

至此，吾人得知修为之为何。吾人之修为毕竟在发挥我本心之善耳。苟能发挥之，则凡人化而为圣人。此发挥之之方法，在养“浩然之气”。所谓“浩然之气”，善化之意志也。能陶冶意志而与性之善融合，则谓之曰“浩然之气”。然性绝对、无限也，故此气亦不可不绝对、无限。故曰：“其为气也，至大至刚，以直养而无害，则塞于天地之间。其为气也，配义与道，无是，馁也。是集义所生者，非义袭而取之也。行有不慊于心，则馁矣。”孟子又用牛山之喻，曰：

> 牛山之木尝美矣……此岂山之性也哉？虽存乎人者，岂无仁义之心哉？其所以放其良心者，亦犹斧斤之于木也，旦旦而伐之，可以为美乎？其日夜之所息，平旦之气，其好恶与人相近也者几希，则其旦昼之所为，有梏亡之矣。梏之反复，则其夜气不足以存；夜气不足以存，则其违禽兽不远矣。人见其禽兽也，而以为未尝有才焉者，是岂人之情也哉？

此言本心之自发的活动者，以为人心之向善，如木之萌蘖，待时而出。然若多行不善，则不能发之。虽不能发，然其势滋生而不已。何以知之？曰：今人睡醒，目未见恶色，耳未闻恶声，恍然独坐，当是时，精神洒落如冰释，所谓“夜气”也。扩而充之，则自无不善。故曰：“苟得其养，无物不长；苟失其养，无物不消。”孟子又认发挥本心之困难，故曰：“一日暴之，十日寒之，未有能生者也。”要之，其全体之说皆立于性、欲二元论之上者也。

第四节　政治论

个人之精神，社会现象之渊源也。然个人之精神之焦点则在其生活之欲望，衣食住之欲望即是也。人类为满足此欲望而活动者也，不达此欲，则如伦理何？管子曰：“仓廪食而知礼节，衣食足而知荣辱。”故希求衣食之欲与尊重伦理之念，人间精神之两极端也，两者之中不能全其一而禁其他。孟子曰：“无恒产而有恒心者，惟士为能。若民则无恒产，因无恒心。”而欲使有恒心，必先制民之产，故又曰：“是故明君制民之产，必使仰足以事父母，俯足以畜妻子，乐岁终身饱，凶年免于死亡。然后驱而之善，故民之从之也轻。”

然则“制民之产”之道如何？举其主要者如左：（一）勿夺民时；（二）设数罟斧斤之禁；（三）应人口而颁土地；（四）轻赋敛。此其大纲也。然孟子又知行政机关之运转，必不可不征相当之租税，故白圭欲二十而取一，孟子以为非尧舜之道：

> 孟子曰：“子之道，貉道也。万室之国，一人陶，则可乎？”曰：“不可，器不足用也。”曰：“夫貉，五谷不生，惟黍生之。无城郭宫室宗庙祭祀之礼，无诸侯币帛饔飧，无百官有司，故二十取一而足也。今居中国，去人伦，无君子，如之何其可也？”

而所以行如此之政治者，不忍人之心之发现也，曰：“人皆有不忍人之心。先王有不忍人之心，斯有不忍人之政矣。以不忍人之心，行不忍人之政，治天下可运之掌上。”故孟子之政治说得约之如左：（一）不忍人之心；（二）不忍人之政。盖以人类生活之欲为根柢而出发者，于此生欲之满足后，始修礼讲乐，以发挥彝伦，以复其本心之善也。

第三章　结论

以上所论述，孟子所极力主张者，所谓孟子之本领也。于一面主张人性之善，一面主张生欲之必然。甲，伦理上之假定；乙，政治上之假定也。此外有所谓欲者，乃与善性相对立，而妨碍其发现。“生欲”与“欲”，一必然的，一偶然的也。偶然之欲可制，必然之生欲不可制。故生欲之横溢者即欲也，故善与欲可视为心理上之二元。生欲之胜者，常人；而善性之胜者，士人也。此孟子学说之系统也。

1905年7月《教育世界》104号

荀子之学说

第一章　传及其著书

荀卿名况，赵人也，后孟子数十年。年十五，始游学于齐。当是时，齐田骈之属皆已死。齐襄王之时，荀卿作为老师。先是齐致天下之士于稷下，淳于髡、邹奭、田骈之徒皆来，齐王以为列大夫，置第康庄之衢，尊宠之。齐修列大夫之缺，而荀卿三为祭酒焉。齐人或谗荀卿，荀卿乃适楚，春申君以为兰陵令。复去适赵。游秦，说秦昭王，不能用。春申君复，固谢荀卿，乃行，复为兰陵令。春申君废，乃述仲尼之意，论礼义之治，卑五伯之业，阐明微理，排击异学，著书三十三篇。叹曰：

> 嗟我何人，独不遇时当乱世。欲衷对，言不从，恐为子胥身离凶，进谏不听，到而独鹿弃之江。观往事，以自戒，治乱是非亦可识，托于成相以喻意。

第二章　伦理论

第一节　人之性恶也

既如孟子学说中所论，性恶之论以生欲为根柢而立论者也。荀子谓："今人之性，生而有好利焉，顺是，故争夺生而辞让亡焉；生而有疾恶焉，顺是，故残贼生而忠信亡焉；生而有耳目之欲，有好声色焉，顺是，故淫乱生而礼义文理亡焉。然则从人之性，顺人之情，必出于争夺……然则人之性恶明矣。"又曰："今人饥，见长而不敢先食者，将有所让也；劳而不敢求息者，将有所代也。夫子之让乎父，弟之让乎兄，子之代乎父，弟之代乎兄，此二行者皆反于性而悖于情也……故顺情性则不辞让矣，辞让则悖于情性矣。用此观之，然则人之性恶明矣，其善者伪也。"此求人性之所以恶者于生活之欲，易言以明之，人若放任其性，则各逞啮噬之欲，社会在生存竞争之里者也。

荀子又以为性者，抽象普遍的名称也，不可无具体的方面。此具体的方面，荀子以为生活之欲也。然则其抽象的方面有如何之意义乎？荀子曰："凡性者，天之就也，不可学，不可事。"又曰："性者，吾所不能为也。"又曰："生之所以然者谓之性。"又曰："不事而自然谓之性。"故自其抽象的方面观之，则生之自然，无善不善之可言。若自具体的方面观之，则生活之欲常破坏社会之调和，故断言性恶也。

第二节　礼

人性既恶，则社会之自然的状态，生存竞争之状态也。而檃栝此人性之活动，不使有争乱之患者，礼是也。苟行礼，小足以治身，大足以治天下，此礼之二用也。

然礼自外束缚人者也，故人之所视为苦痛，而非自然的也，故名之曰“伪”。伪者，人为之义也。圣人，伪之成功者也。荀子曰：“伪积而化之谓圣。”圣人积伪之所化，然则圣人与凡人之别，只程度之差而非性质之差也。

抑修为之问题，自子思孟子之立脚地观之，到底不能视为必要，即令认之，亦不过有消极的意味耳。然及荀子，始认积极的修为之必要。

礼者，修为之唯一工夫也。是不独于个人为然，国家亦有之。故曰：“隆礼贵义者，其国治；简礼贱义者，其国乱。”（《议兵》篇）又曰：“礼者，治辨之极也，强国之本也，威行之道也，功名之总也。王公由之所以得天下也，不由所以陨社稷也。故坚甲利兵不足以为胜，高城深池不足以为固，严令繁刑不足以为威。由其道则行，不由其道则废。”（同上）所谓社会者，人民之簇聚也。社会之调和与否，则治乱之所以分也。故曰：“天行有常，不为尧存，不为桀亡。应之以治则吉，应之以乱则凶。强本而节用，则天不能贫；养备而动时，则天不能病；修道而不贰，则天不能祸。”（《天论》篇）此与墨子之“非命”，其意相同。以上实自人性上论礼之必要者也。更进而自社会生存上论之，曰：“人，力不若牛，走不若马，而牛马为用，何也？曰：人能群，彼不能群也。人何以能群？曰：分。分何以能行？曰：义。故义以分则和，和则一，一则多力，多力则强，强则胜物，故宫室可得而居也。故序四时，裁万物，兼利天下，无他故焉，得之分义也。”（《王制》篇）荀子以礼为治天下之大法，痛击墨子之非乐、节葬、节用之说，以使果如此说，则使天下贫弱，且震荡人心者也。曰：“我以墨子之非乐也，则使天下乱；墨子之节用也，则使天下贫。非将堕之也，说不免焉。墨子大有天下，小有一国，将蹙然衣粗食恶，忧戚而非乐。若是则瘠，瘠则不足欲，不足欲则赏不行。墨子大有天下，小有一国，将少人徒，省官职，上功劳苦，与百姓均事业，齐功劳，若是则不威，不威则罚不行。”（《富国》篇）荀子虽未知墨子之真意，然于《正论》篇非难当今之骄奢，又与墨子同意也。

第三节　礼之所本

人性恶也，礼外也，然则礼何所本乎？此当研究之问题也。然荀子对此问题，非有积密之解答，唯曰：“人生而有欲，欲而不得则不能无求，求而无度量分界则不能不争，争则乱，乱则穷。先王恶其乱也，故制礼义以分之，以养人之欲，给人之求。使欲必不穷乎物，物必不屈于欲，两者相持而长，是礼之所起也。”然先王之制礼果何所本乎？《礼论》篇曰：“天地者，生之本也；先祖者，类之本也；君师者，治之本也。无天地，恶生？无先祖，恶出？无君师，恶治？三者偏亡，焉无安人。故礼，上事天，下事地，尊先祖而隆君师，是礼之三本也。”然此所谓“本”者乃报本追远之意，而非谓礼之所自出。考荀子之真意，宁以为礼生乎人情，故曰：“称情而立文。”又曰：“三年之丧，称情而立文，所以为至痛之极也。”荀子之礼论至此不得不与其性恶论相矛盾，盖其所谓“称情而立文”者，实预想善良之人情故也。

第三章　政治论

第一节　国家系统

人民之归往者谓之王。王者即德之所在，故大功德之后，非必常为王。王非位也，故天子无禅让放伐。尧舜皆有德之人也。尧以有德之故而为天子，人民不以尧之人而以其德也。然舜之德又与尧无异，尧之死也，舜继而为天子，是以尧代尧也，以德代德也。人虽有尧舜之别，而德则无异，同为人民之所归往，何禅让之有？故曰：“天下厌然，与乡无以异也，以尧易尧，夫又何变之有矣？”桀纣失其德，邦家分崩，人民离散，是已无天下矣。汤武修其道，行其义，兴天下之同利，除天下之同害，而天下归之。故汤武非夺天下，而桀纣非被夺。故曰：“天下归之之谓王，天下去之之谓亡。故桀纣无天下，而汤武不弑君，由此效之也。”（《正论》）盖以为天子非位也，非自人而授之，而自己得之者也。身无功德者不能为天子，曰：“以桀纣为常有天下之籍则然，亲有天下之籍则不然。”是亦与孟子“一夫纣”之意同也。

诸侯则不然。诸侯，位也，避诸侯之位与否，在天子之命。故诸侯之本质，非德而在命。天子命甲为诸侯，及致仕，更命乙为诸侯，此与天子异者也。故曰："诸侯有老，天子无老。有擅国，无擅天下，古今一也。"此之谓也。

第二节　政治术

"君子之德风，小人之德草，草上之风必偃。"是孔子政治论之主意也。以身先天下，则天下无不化。《大学》之言治国平天下本于修身，可谓善得其意也。故此派之政治非政治术，而自己之人格为政治之中心。荀子亦谓政治在以身先天下，曰："主者，民之唱也；上者，下之仪也。彼将听唱而应，视仪而动。唱默则民无应也，仪隐则下无动也……故上者下之本也。上宣明则下治辨矣，上端诚则下愿悫矣，上公正则下易直矣。"(《正论》)所谓政治术者道也，曰："道者古今之正权也。"(《正名》)道者何？礼乐刑政是也。荀子以礼乐为致治平唯一之道，如上所论，并用刑政，先王然也，孔子亦然，唯欲其刑之中耳。荀子亦曰："刑称罪则治，不称罪则乱。"(《正论》)

然荀子亦斥小惠而主信赏必罚，曰："人或触罪矣，而直轻其刑。然则是杀人者不死，而伤人者不刑也。罪至重而刑至轻，庸人不知恶矣，乱莫大焉。"(《正论》)荀子又信法所以制之于既发之末，而严刑所以束民心，曰："凡刑人之本，禁暴恶恶，且惩其未也。"(《正论》)又曰："故治则刑重，乱则刑轻。"

第三节　正名

惠施公孙龙之徒，驰辩弄文以混乱真伪。荀子疾之而作《正名》篇，曰:“王者之制名，名定而实辨。”先就人类述性、情、虑、伪、为、事、行、知、智、能、病、命等字之定义。次言名实之乱，使思想混杂，事务纷错。更进而谓人之辨同异，由于天官。天官者何？耳目口鼻心体是也。此六官各有所司，而各有别，辨别。同者同名，别者别名。

第四章　结论

荀子之非子思孟子也，曰:“犹然而材剧志大……幽隐而无说，闭约而无解。”于是关穷理之事，则唾而不顾，唯先王之礼是由。其言曰:“其于天地万物也，不务说其所以然，而致善用其材。”其主义可见也。又曰:“道不过三代，法不贰后王。”故其所言，止于经验界，且但关于礼耳。是故责荀子以哲学，非得其正鹄者也。然其思想之精密正确，实从来儒家中所未尝有，而开韩非子法家之论者也。

1905年7月《教育世界》104号

西方哲学

汗德之哲学说

凯尼斯堡之大哲人汗德（Immanuel Kant）之位置，所以超绝于众者，在其包容启蒙期哲学（谓十八世纪之哲学）之思想，而又加以哲学之新问题及新方法也。彼夙修伏尔夫（Wolff）之形而上学及德国之通俗哲学，又潜心于休蒙［按，休谟］（Hume）之经验论，卢骚（Rousseau）之自然论。此外如奈端［按，牛顿］（Newton）之自然哲学，英国心理学中之人之知情意之分析论，法国启蒙期之自由论，及自托兰（Toland）至福禄特尔（Voltaire）之理神论，此皆启蒙期哲学之最著者，而各占汗德思想之一部分者也。

然汗德哲学之特质，则在其提出知识之问题也。彼夙信形而上学，而欲于此要求道德及宗教之科学的说明。然由多年之研究，知往日之纯理论不能偿此要求，又由心理学之方法，知经验论之哲学亦有界限。彼研究休蒙之说，此意益强。遂翻然欲由拉衣白尼志（Leibnitz）之《悟性新论》，而再建形而上学。然不满于其本有观念之说，于是由千七百七十年至千七百八十年间之长研究，遂于其所著《纯粹理性批评》中得知识论上之结论。此书之特质，在示心理学上之方法之不足解哲学上之问题，及区别人之理性之渊源之问题与其价值之问题为二是也。彼之研究之端绪，不求诸物，而求诸理性，与启蒙期之哲学者同。然谓理性中之普遍的判断，而超越一切之经验者，其确实性不能由经验论及本有论说明之。而谓哲学之事业，亦示人类理性之作用，即由此等判断之内容及关系，而于理性之生活（即由此等判断所决定者）中，定其权能（谓由此等判断所知者）及其界限（谓其所不能知者）也。

汗德名此事业曰“理性之批评”，其方法谓之“批评的”“先天的”方法，而此方法之对象，即“先天的综合判断之可能性”是也。

（原注：汗德于《纯粹理性批评》之绪论中，论综合判断与分析判断之区别，曰：于一判断中，其客语之概念已含于主语中者，谓之曰分析判断。如云“空间有延长性”，此分析判断也。何则？延长性之概念已含于空间之概念中故也。综合判断则反是，客语之概念不含于主语中，而由他处得之。如云“物体有重量”，此综合判断也。何则？重量之概念不含于物体之概念中，而必由经验知之故也。此等综合判断，自经验上得之者，谓之后天的综合判断。先天的综合判断，则不俟经验而自得者，数学上之命题是也。如云“12 = 7 + 5”，此先天的综合判断也。何则？“十二”之数之概念中，非有“七”与“五”之二数之概念，而其发见之也，又不俟经验故也。而汗德之所谓“先天的”者，非有时间上之意义，而但有知识论上之意义，即非谓先经验而存在。而

但谓其普遍性及必然性，超越一切经验，而非可由经验论证之者也。）

而此理性之原则之确实性，与其现于经验的意识时之状态，全无关系者也。古代之哲学，或以为此等原则出于感觉中之原质，或由形而上学之假定，而以为本有者，皆独断的哲学也。批评哲学或先天的哲学则不然，必先检此等原则发现之形式，及其于经验上所有之普遍性及必然性，此汗德哲学之特色也。

汗德于是就理性之作用，为系统的研究，以立其原则，而检其效力。即批评之方法先自知识论始，渐及其他。而当时心理学上之分类法，为彼之哲学问题分类之根据，即谓理性现于知、情、意三大形式中。而理性之批评亦必从此分类。故汗德之哲学分为三部：即理论的（论知力）、实践的（论意志）、审美的（论感情）。其主要之著述亦分为三：即《纯粹理性批评》《实践理性批评》及《判断力批评》是也。

1904年5月《教育世界》74号

汗德之知识论

汗德之知识论，乃近世唯名论之结论也。彼夙奉伏尔夫派之素朴实在论，而谓名学上之必然性与自然界之实在性，一物也。后渐知纯粹理性，即名学上之推论及概念，不能决定实物之存在及其因果之关系，而谓形而上学家乃空中楼阁之工人，而其建筑与实物毫无关系者也。于是进而求其关系于经验所得之概念中，而谓此等概念之与实在相关系，乃最明晰之事实。及闻休蒙之说，一旦自独断之梦中蹶起。即休氏首证吾人对实在之概念之形式，如因果律等，非知觉中所固有而由联想而得者，不能证其与实在有何关系，则实在不能由所与之概念知之，明矣。于是更欲由拉衣白尼志之本有观念论，及神之预定调和说，以解"思想与实在之关系"之问题，此其就职论文之大旨也。然彼之冷静之知识，未几即知预定调和说乃形而上学之假定，非可论证，而又不能支持哲学之科学的解释。于是经验论与纯理论，皆不足以解知识及其对象之根本问题。

一、汗德对此问题之解释，即其《纯粹理性批评》一书是也。其此书之系统的形式之说明，见于哲学序说中，谓彼之批评论，由“先天的综合判断”之见于三种纯粹科学中之事实出发，即此等判断之存于数学、纯粹自然科学及形而上学是也。而检察此等判断，有普遍及必然之确实性否，乃其一贯之主义也。

此组织法由理性之能力之性质出，而理性能力之性质可以“综合”二字括之，即合复杂而为单一是也。而此综合之概念，乃纯理批评中之新元质，而与就职论文相区别。即汗德于此概念中，发见感性之形式与悟性之形式中公共之原质，而于就职论文中则谓此二性之特质，一为受动，一为自动，而全不相合故也。于是纯理批评中，说纯粹理性之综合，自三阶级而成。即，（一）由空间及时间之形式，而结合感觉以成知觉；（二）由悟性之概念，而结合知觉以为自然界之经验；（三）由理念之力，而结合经验之判断，以得形而上学之知识。此知力之三阶级，皆综合之特别形式，而下级之综合形式为上级之综合形式之内容。而理性批评之责任，在定各综合形式而检其普遍及必然之确实性也。

二、就数学论之，则就职论文之见地，大抵可适用于理性之批评。盖数学上之判断皆综合的也。此等判断皆于纯粹之知觉中构造之，而又有普遍性及必然性，此决不能由经验得之者，则必有知觉之先天的原理存于其根柢，无可疑也。汗德于是谓时间及空间之二观念，即一切算术及几何学所关系者，乃知觉之纯粹形式，或先天之知觉也。盖，（一）唯一无限之空间与唯一无限之时间之观念，决非由经验上之有限之空间时间所得者。而吾人于经验上谓物之并立或相续时，全空间与全时间之观念已含于此特别之空间与特别之时间之观念中，而早视之为全空间与全时间之一部分也。（二）时间空间非概念也。何则？彼等之对象乃无限之综合，而其对有限之空间时间，非如类之对种（名学上概念外延之广者谓之“类”，狭者谓之“种”。如“马”与“白马”之二概念，白马之概念属于马之概念中。故“马”之概念为“类”，“白马”之概念为“种”。《荀子·正名》篇谓之大共名、小共名），而实如全体之对其部分也。（三）如时间空间乃纯粹之知觉，即非由经验之知觉所得者，而存于经验之知觉之根柢，则此二者乃必然的也。故吾人之思想能离他物而思空间时间，而不能离空间时间而思他物，故此等乃不可离之知觉形式也，关系之法则也。吾人所以得统一一切之感觉，实存于此。而空间者外感之形式，时间者内感之形式。一切诸官之对象，皆带空间的性质；一切反观之对象，皆存于时间中者也。

如空间时间二者，为吾人感性之不变之形式，则知识之但由二者决定，而无经验的元质杂于其间者，其对吾人之一切经验也，有普遍及必然之确实性。即由先天感觉论所说，于感性之范围内，其先天的知识之唯一之对象，乃综合一切感觉之形式，即于空间及时间中排列之法则也。但此知识之有普遍性及必然性，实由空间及时间乃吾人知觉之形式之故。如此二者有实在性，而能离吾人知觉之作用而独立乎，则数学之先天的特质必不存。如空间及时间而为一物乎，或为物之性质或其关系乎，则吾人非由经验断不能知之。因之，断不能有普遍及必然之知识也。其有普遍及必然之知识者，必彼等非他物，而但为吾人知觉之形式，而一切知觉中之物，必于此形式中现出故也。由此观之，“先天的”与“现象的”，实同意之语也。即人知中有普遍性及必然性者，惟物之必不能离之形式。如此，纯理论唯限于形式之方面，而又代以形式之观念性，始得持此说也。

三、汗德既以知觉之对象之空间及时间的关系，全为心之形式，而与物之本体之实在性，必非一物，同时又谓此二者之观念性与感官之主观性不同。特嘉尔与洛克（Locke）既证明感觉之属于主观，汗德亦承此说，但谓空间时间二者虽似有主观性，而实为现象之根据也。自普禄达固拉斯（Protagoras）及德谟吉利图（Democritus）以来，既由色声香味等之于人也，人人不同，而证明其主观性；汗德则由空间及时间之形式，人人所同，而演绎其观念性。盖自彼观之，感官之性质乃我心之观物时一偏及偶然之状态，而空间及时间之形式，则吾心之普遍及必然之状态，而万物皆于此中显出者也。故一切知觉中所含蓄者，非物之本体，而但其现象也。即前者但为个象之状态，而后者乃一切知觉之客观的形式也。汗德于此，谓由自然科学上言之，则改一切感觉之性质之区别，而为分量之区别。易言以明之，即视自然科学与数学同，而冀发见其普遍性及必然性，如古代德谟吉利图及近世格里辽（Galileo）之所期，固无不可。然从哲学上言之，则以数学说明自然，虽有此确实性，然其为现象仍无以异于昔也。即感觉但与人以个象，而数学之理论空间及时间与人以有普遍性及必然性之知觉。但二者不过现象之二方面，而物之本体仍不可知。故空间及时间应用于一切知觉之对象，无不妥也。然不能超越之，即虽有经验的实在性，而不脱先天的观念性者也。

四《纯粹理性批评》所以较就职论文进一步者，在推扩感性之形式（空间时间）之说，而应用之于悟性之形式，而研究其知识论上之价值是也。盖于自然科学中，除数学的基础外，其论物之关系尚有许多之原则。如自果推因之原则乃综合的，而又不自经验上得之，然得应用于一切之经验。此种原则古人亦偶道及之，然发见此等原则之系统者，则自批评哲学始。若无此等原则为自然界知识之基础，则其知识断不能有必然性及普遍性。盖自然之为物，非但空间时间的形式，及物体与其运动之集合体，而实为吾人由感官所知觉，及同时由概念所思惟之联络的系统也。而综合知觉之复杂而思惟之之作用，名之曰悟性。悟性之综合之形式，名之曰范畴，或曰悟性之纯粹概念，却如空间及时间，为知觉之综合形式也。

如自然界为外物之联络的系统，而无关于吾人理性之作用，则吾人之知之也，必不可不由经验，而决非先天的也。但吾人自然之知识乃普遍及必然之知识，则自然之自身必由吾人之概念决定之而后可，明矣。如自然界而与吾人之悟性以法则乎，则吾人不过有后天之知识。自然之先天的知识，必须吾人之悟性与自然界以法则，而非自然界与吾人以法则而后可。但吾人悟性之决定自然界也，不能及于物之本体，但限于现于吾人之思惟中者耳，即先天的知识但限于吾人之观念即现象而已。

五、欲持此论，批评哲学不可不对悟性之综合形式，而定其完全之系统。而形式名学之分析的法则，即自矛盾之原理出者，不适于此目的，明矣。盖形式名学之法则，不过从概念中固有之内容，而定诸概念之关系。至若定原因与结果、本体与属性之关系，不能由此种之分析法。汗德于是于形式的名学外，更发明“先天的名学”，即悟性之综合的形式，与其分析的形式相并立。而一切知觉之所以得为概念的知识之对象者，实由于此。夫感觉之像之并立于空间中及变迁于时间中者，惟由范畴上思之，乃得为知识之对象。而自范畴所示之关系，分析感觉时不能得之。故于形式的名学之分析中，以思惟为存于其对象；而于先天的名学之综合中，则视悟性为有创造之作用，即由知觉而造思惟之对象者也。形式的名学与先天的名学之区别如此。于是汗德与希腊之知识论间，起一大反对。即希腊人以为对象离思惟而独立，而吾人之知力则存于对象；汗德则谓思惟之对象即思惟自己之生产物。此理性之自动性，乃彼之先天观念论之中心也。

如此，汗德之综合名学，与雅里大德勒（Aristotle）之分析名学相对立。然二者中亦有公共之处，即判断论是也。于判断中主语与宾语之关系，有客观的确实性，即一切客观的思惟，乃判断也。故若视范畴为综合之形式，而对象由此而生，则范畴之数当与判断之种数相等，而各范畴乃结合其同种之判断中之主语及宾语者也。汗德于是由判断之表，而演绎范畴之表。彼先分判断为四纲：分量、性质、关系及法式是也。而四纲中又各有三目：即分量中有全称、特称、单称三目；性质中断定、否定、不定；关系中定言、假言、选言；法式中或然、正然、必然是也。由此而有十二范畴，曰：单一性、复杂性、全体性，实在性、绝无性、制限性，永存性、因果性、交互性，可能性、现在性、必然性。此表之出于人为，而不尽合于事实，及判断与范畴不必有如此之关系，又范畴之价值亦自有高下，皆明晰之事实。然汗德坚持此说，以立后日彼之一切研究之基础。

六、纯理批评中最艰涩之部分，即“悟性之纯粹概念之先天的演绎”篇中，证明范畴如何而造经验之对象之说是也。而此书中不明晰之点，得于《哲学序说》中解之。汗德于《序说》中立知觉之判断与经验之判断之别，谓前者但示感觉之空时的关系，于个人之意识中；后者视此种关系有客观上之确实性。即后者要范畴之作用，而前者不然。今以例明之，今有二种之感觉相续而起，必视前起者为后起者之原因时，始得有客观上之确实性（此因果性之一，范畴之作用也）。一切外物必由悟性之法则结合之，而始得为对象。如此，而主观之表象作用，始得客观上之联络。盖于表象作用中，不过就个个之感觉，而排列分合之。而客观之思索（由悟性之法则结合者），则无往而不确实，由概念统辖之，而成一整齐之全体者也。

然一切外感之现象，皆现于内感之形式中，即空间上之现象，无不现于时间。汗德于是欲说明范畴与时间之特别形式之关系，而得所谓图形论。此乃应用悟性之形式于感觉之像者，而各特别之范畴，各有与时间之特别形式相当之图形。但于经验的知识中，吾人由此图形论，而以相当之范畴，说明所经验之时间的关系（如以因果性说明规则之继续现象）。于先天哲学反之，谓范畴乃与相当之时间的关系以合理之基础者，而由此事实，以证此方法之不误。

要之，于个人之意识中，有表象与经验之别。前者除对个物以外，无确实性，后者无往而不确实者也。而后者之所以确实，由有范畴之作用行乎其间。然于个人之意识中，却不自知有此种之作用，而但得其作用之结果，即客观的世界也。即客观之生产地不存于个人之意识，而存于其意识之根柢，故不可不预想一高等公共之意识。而此意识之入于经验的意识也，不以其作用而以其结果。汗德于哲学序说中，谓之“一般意识”；于纯理批评中，谓之“先天的统觉”，或谓之“我”。故经验者乃现象之系统，而以悟性之法则决定感觉之空间时间上之综合者也。故现象之自然，乃先天的知识之对象，而范畴之所以得应用于一切经验者，因一切经验皆自彼决定故也。

七、范畴之普遍性及必然性，于“纯粹悟性之法则”篇说明之。此种法则，即范畴由图形之媒介，而自发展者也。汗德于此中，殊重视其第三类。即第一，自分量之范畴，而生知觉之公理，曰，一切现象皆有外延。第二，由性质之范畴而生知觉之预想，曰，一切感觉之对象，皆有内包。曰，由法式之范畴而生经验的思惟之假定，而可能、现实、必然之定义实基于此。第三，由关系之范畴，而生经验之类推。其中又分三目：一曰，自然之本体不变也，其分量不能增减；二曰，一切变化从因果之法则而现；三曰，一切本体互相影响也。

此等法则，乃一切自然科学之前提，不俟经验之证明，而有普遍性及必然性者也，谓之自然之形而上学。其应用之于自然界也，不可不发见数学上之公式。何则？自然者，乃吾人感觉之全体，由空间时间之形式知觉之，又由范畴整理之者也。又自然中一切变化，皆可归之于运动，故运动之概念实为此论之介绍。盖一切运动，皆可以数学说明之，而吾人对自然之知识，亦仅限于数学所能说明者。故汗德谓当时之化学及心理学，不得入自然科学中，但不过记述之学而已。彼于《自然科学之形而上学的基础》一书中，由范畴及数学，而推演运动之法则，而其自然哲学中之最重要之说，物质之力学说也。昔《天体自然史》中所谓空中运动之本体，乃引力及斥力之和者，汗德今日遂于《纯理批评》悟性之法则中演绎之。

八、但由汗德之说，则上所述自然之形而上学，不过现象之形而上学耳，除现象以外不能进一步。何则？一切范畴不过外物与吾心关系之形式，而其自身空虚无物也。唯由知觉之介绍，而范畴始得其内容，又因吾人之知觉必现于空间时间内故也，故人类知识之唯一之对象，经验耳、现象耳。故自柏拉图以来，区别知识之对象为现象及本体二者，甚无谓也。

然则本体之概念，果全无意义乎？若谓吾人知识之对象限于现象，则其知识不亦太无意义乎？对此问题，汗德之思想于是乎一转。由上文之说，则所谓对象者，其一部分为感觉，而其他部分为感性及悟性之综合之形式。故除吾人个人之意识外，其真正存在者不过一般之意识，即先天的统觉而已。然汗德又不拒绝外物之实在性，然则此物果如何？

本体之概念，在《纯理批评》中非有积极之意义。此虽不得为知识之对象，但思之时毫不觉矛盾，即此假说其实在性不能定其有，又不能遽言其无，不过一问题耳。人类之知识限于经验之对象，何则？应用范畴时所需之知觉，不过空间时间中之受纳的知觉故也。今设为他种之对象故，而有他种之知觉，其排列感觉之法与吾人异，然苟其必待所与之感觉而后起者，则此知觉之对象仍不过现象。欲知觉之对象非现象而为物之本体，必知觉不但制造其形式，兼制造其内容而后可。此可谓之知力的知觉，即感性及悟性之融合也。但人类之知识中，感性与悟性二者常相分离，惟神或有此能力。故此种能力，不能言其有，亦不敢断其必无。即本体之概念，但有消极之意义，即得思为非感官的知觉之对象，即经验之界限概念耳。然此概念又不能视为或然的概念，何则？苟拒绝本体之实在性，则必谓一切物皆归于现象，而除物之现于吾人之意识者外，并无一物。然此亦无证据之言也。先天观念论不然，以为本体之为物，但可思而不可知，故吾人之所能知者唯现象耳。

九、至是而入于《纯理批评》之第三部，即“先天辩证论”。汗德于此篇中，证明不能经验之形而上学，即超感觉之形而上学，不可能也。特举拉衣白尼志及伏尔夫之合理的心理学、宇宙论及神学为其一例，而批评之。谓此等事，虽不可经验及不可知识之，然不能不思之，谓之“先天的幻影”，而古今之思想家以其不能不思之之故，遂视为知识之对象。

欲主张此论，则感性与悟性之反对，不可不知也。唯由感性之助，而悟性始得造客观之知识。盖吾人之思惟中，由范畴之作用，而使感性之材料互相关系。即如一现象必由他现象限制之，而悟性欲完全思一现象时，必不可不知其限制者之全体，而此特别之现象实由此而决定，而始得与吾人全体之经验相联络。然现象之世界，于其空间及时间之关系无限也，故欲知其限制者之全体，实非易易。盖范畴者，乃一切现象相关系之原理。而欲知各现象之限制之性质，不可不由他现象，而此他现象复由他现象限制之，如此互相限制，以至于无穷。故悟性欲知其限制者之全体，而感性示其不可能，于是吾人之知识中，生必要且不可解之问题。汗德谓之曰"理念"，而其应之之能力，谓之狭义之理性。理性若解此问题，则其所求之限制者之全体，不可不视为无限制之物，即其自身为一切现象之限制者，而不复限制于他者也。所谓"理念"，即此无限制之物之代表，虽不能为知识之对象，然吾人不能不思之，于是形而上学遂陷于先天的幻影中。而此等理念有三：灵魂、世界及上帝是也。

十、其合理的心理学之批评，见于"纯粹理性之逆理论"章。谓普通之灵魂论，其误谬存于视名学的主语与实在的本质为一，此之谓四语之逆理论。而本质之概念，与空间相关系，即限于外感之域。今"灵魂"之理念，乃内感之诸现象之统一，既不可拒绝，然又不可证明之，但可视为精神之研究上之探求的原理耳。

于"理性之理想"章中，以同一之论法论"神"之理念。汗德驳有神论之诸证明：谓于本体论之证明中，由概念而推论神之存在者，谬也；于宇宙论之证明中，求一切偶然物之第一原因于绝对的必然的本体，乃要求原理之误谬也；于物理的神学之证明中，由世界之美善，而想像全善全能之造物主，不过古代之遗想耳。然彼亦谓主无神论者，乃立于经验的知识之外，其不能证明与有神论无异。吾人宁信有神，庶几各现象之经验的研究，益不得不努力也。此先天辩证论之特色，尤显于“纯粹理性之二律反对”章。此论“世界”之理念者也，谓欲使宇宙全体为吾人知识之对象，则反对之二原理皆得持其说。兹先举其正理凡四：一曰，世界之于空间时间中有始终；二曰，其本体之可分性有限界；三曰，事变之原乃自由而非因果的也；四曰，事变之原始，存于绝对的必然的本质，即神也。而此四正理各有相应之反理。故欲持其一理不得不破其他，其结果甚为纷杂也。以上四条之二律反对中，前二者谓之数学的，示欲以宇宙为知识之对象，则不容中项之原理，必失其确实性；后二者谓之力学的，示自由及神之概念不能于现象界中论断之者也。

1904年5月《教育世界》74号

汗德之伦理学及宗教论

汗德之《纯粹理性批评》，使吾人陷于绝对之怀疑论。何则？彼于此书中廓清古今之形而上学，而以科学的方法证之也。然遽谓汗德为怀疑论者，则大不然。怀疑论不过汗德哲学之枝叶，而非其根本。以此罪汗德，全不知其哲学之精神与其批评之本旨也。汗德之本旨决非有害于道德上之信仰及其超绝的对象（神）也。彼贬理性之价值而置诸第二位，名之曰“整理的原理”，以与“建设的原理”相区别。其根本思想之贯注于全书者，曰：吾人及万物之根本，非理性而意志也。故理性之作用常陷于不可知之矛盾，而使人回惑。至意志则常与信仰同盟，而道德宗教之源皆出于此，且从而保护之。且汗德亦说“物之自身”矣，其驳灵魂及上帝也，非谓其不存在，谓不能以理论证其存在也。彼非难独断唯心论矣，然此等非难亦得加之于唯物论；彼虽攻击有神论，然亦同时攻击无神论；彼尽褫纯粹理性之形而上学的能力，而以之归于实践理性即意志。譬之一物，以右手与人，而旋以左手取之。此其思辨之特色，断不可与他人之怀疑论同类而观之也。

汗德谓意志与悟性同，有自己之特质，有固有之形式，有特别之法度。此法度，康德谓之“实践理性”，而纯理批评之态度至此方面而一转，理论上之怀疑变而为实践上之确实。彼谓道德上之法律与物理上之法律，其根本相异。物理上之法律，必然的也；道德上之法律，非自外迫我而我自不能不从之，易言以明之，即自由的也。虽自由之概念，悟性不能证明之，而在意志之方面，则深信其自由而不疑。何则？此乃实践理性之规矩，而道德的意识中之一事实故也。至是有一大疑问起焉。夫纯粹理性之视一切宇宙现象也，皆视为必然之结果，即视现象之世界但为因果律之所辖。然则实践理性上之自由论，如何而能与纯粹理性上之定业论相调和乎？而汗德之信自由意志也，与其爱真理无异，决不欲物理上之必然性与道德上之自由性，二者互为冲突。彼谓二者之冲突乃表面上之事，至调和二者而使知识及意志之权利两无所损害，则固非不可能之事也。

如纯理批评中，全斥自由之观念，则此问题终不能解释也。然就实际言之，则唯于现象之世界中不得云自由耳。至睿智之世界即本体之世界中，吾人虽不能证其自由，然其不自由亦不得而证之。纯粹理性谓自由之为物，虽不能发见于现象之世界，而或能发见于本体之世界。实践理性则进而断定之，故知识与意志之间实无所谓矛盾也。吾人之行为，自其现于空间时间中言之，则为一必然之结果，而毫末不能自由；然由其所从出之根柢观之，则离时间空间之形式而独立，其为自由固无可疑者也。然吾人若视时间空间有客观的实在性，则此问题终不能解释。由此见地，斯披诺若之斥自由论而唱定业论固其所也。然吾人苟从汗德之批评哲学，而谓时间空间二者乃吾人观物之形式，而无与于物之自身，则定业论亦不过理性所赋于物一种之解释，而非说明物之真性质者也。

如人之灵魂即其睿智的品性而不存于空间及时间中乎，如灵魂而非现象乎，则因果之范畴自不能于此应用之。何则？范畴之为物但应用于现象而不能应用之于本体故也。如是，灵魂既非一原因（凡原因必更有他原因以为其原因），必为一自由之原因，无疑也。单一之范畴亦然。何则？以不存于空间时间故，则已非个物，而不得与他个物相区别，故普遍的也，永远的也，无限的也。斐希台［按，费希特］绝对的“自我”之说实自汗德之前提出，然汗德自己却不视此为其说之正当之结论。彼于实践理性中往往预想个人之灵魂不死，而视为道德之条件；又说与我相离之上帝之存在，而视为道德之秩序及善人之胜利之保证。然汗德之神学不过其伦理之附录，不甚重视之，即非复如中世之视为诸学之女王，而但为伦理学之仆隶而已。此人格的上帝，实理性批评中之所假定者。吾人得因之以回想约各皮［按，雅科比］之说，曰：“如宇宙而无上帝，吾人亦当进而发明之。”其意相似。要之，汗德意中真正之上帝乃实现理想之自由力，即善意是也。此种见解，于其说实践理性，即说意志为吾人精神之根本时，既明示之。彼谓纯粹理性与实践理性，二者虽有时自相矛盾，然无损于道德、宗教之价值。前者虽视“灵魂”“自由”“上帝”等为一种之观念，而无客观的实在性；后者则深信此三者之为真实。如纯粹理性与实践理性而立相等之地位乎，或实践理性而附属于纯粹理性乎，则此二元论之结果必不能无危险。然汗德则以纯粹理性附属于实践理性，故意志之自由、灵魂之不死、上帝之存在，吾人始得而确信之也。

自他方面言之，则纯粹理性及实践理性之二元，于吾人颇有便利之处。如上帝、自由及灵魂不死等为自明之真理，而得由理论上证明之，则吾人之为善不过缴将来之福耳。如此，则吾人之意志不由于“自律”，而其行为即不得谓之道德。盖除良心之命令外，一切动机皆使意志不由“自律”而由“他律”，而夺去其行为之道德上之价值。故真正之宗教必与道德合一，存于理性中之宗教，但由道德构成之。基督教之真髓乃永久之道德。宗教之目的乃人类正行之胜利也，如宗教而于此外有他目的，则已失宗教之本义矣。

汗德对宗教之见解，得于其《在理性范围内之宗教》一书窥之。此书之根本思想，即欲约宗教于道德中是也。夫道德与宗教之关系有二说：或视道德建设于宗教上，或视宗教建设于道德上是也。如吾人视道德为建于宗教上乎，则希望与恐怖二者当为道德的行为之原则。然行为之自希望及恐怖出者，即不得谓之道德。故自以第二说为正也。夫说道德者自不得不导入于宗教，何则？最高之善乃道德上必然之理想，而此理想唯由上帝之观念，决不能为道德之动机故也。故从汗德之意，真正之宗教在视吾人一切义务为上帝之命令。唯天启之宗教必先知上帝之命令，而后定何者为吾人之义务；而在自然宗教，则吾人之义务外，别无上帝之命令。故教会者乃道德的团体，而其目的在实行道德的命令，即以团体之力以禁恶而进于善者也。教会之不能为经验上之对象，谓之无形的教会，即正直之人在上帝之统治下之一团体也。至有形的教会则不过人间之天国，而人力所能达之者。而此有形教会所必要之特质如下：（一）就分量上言之，不可不为普遍的。虽教会之宗旨不能归于一致，然苟立于前所述之原理上者，必可结合而为一教会。（二）就性质上言之，不可不为纯粹的。即道德之外，不知有他动机，而不杂以迷信及狂热之原质。（三）就关系言之，则教会中各员间之关系，必置诸自由之原理之下。即教会者，自由的国家，非贵族及民主政体，而一有意的、普遍的、精神的结合也。（四）就方式言之，则教会之制度必为不可变者。即其偶然之排列法，虽有变之之权利，然其法律则终古不变。夫普遍的教会所以成立者，无他，理性所示之道德的信仰也。各人之信仰不外此信仰之分派，但就人类之缺点观之，不能常使教会立于此信仰之上。何则？以行善为上帝之命令，此理性往往为人所不易解，而常从传说之见解，以服事上帝为一特别之义务故也。

如是，故一教会之成立也，必求其信仰于历史之事实。故各教会中各有二种之原质：（一）道德的原质，即所谓理性之信仰；（二）历史的原质，所谓教会之信仰是也。教会之有价值与否，全视此二原质之关系。历史的原质但为道德的原质之囊橐。如视此原质为教会独立之目的，则教会于以腐败。如道德的原质盛行，则其境界渐近于天国。吾人之所以区别宗教与僧正者，实以此也。教条之价值亦视其道德的内容如何,故“三位一体”之说,如自文字观之,其所贡献于道德者几何？如教会所以指导吾人之行为者不异,则神人之为一、为十百,有何区别乎？圣典之为物,亦必由道德上解释之;关天启之纪传,亦必解之以理性之宗教。故理性者,圣典唯一之解释者也。吾人所当为者,只在褫圣典之神话的衣冠,而保存其合理的意义。历史的原质于圣典中全不足重轻之物也。理性愈发达,则教育愈重道德的方面,而愈远于历史的方面。故自教会之仪式而入纯粹之信仰,乃向天国之径路。而天国之实现,乃世界之目的而历史之止境也。

汗德之宗教论如此,故大受当时教会之攻击。普王威廉二世所以禁之,使不复论宗教上之事者,岂无故欤!

1905年5月《教育世界》123号

叔本华之哲学及其教育学说

自十九世纪以降，教育学蔚然而成一科之学。溯其原始，则由德意志哲学之发达是已。当十八世纪之末叶，汗德始由其严肃论之伦理学而说教育学，然尚未有完全之系统。厥后海尔巴德始由自己之哲学，而组织完全之教育学。同时德国有名之哲学家，往往就教育学有所研究，而各由其哲学系统以创立自己之教育学。裴奈楷然也，海额尔派之左右翼亦然也。此外专门之教育学家，其窃取希哀林及休来哀尔、马黑尔之说以构其学说者亦不少，独无敢由叔本华之哲学，以组织教育学者。何则？彼非大学教授也，其生前之于学界之位置，与门弟子之数，决非两海氏之比。其性行之乖僻，使人人视之若蛇蝎，然彼终其身索居于法兰克福特，非有一亲爱之朋友也。殊如其哲学之精神与时代之精神相反对，而与教育学之以增进现代之文明为宗旨者，俨然有持方柄入圆凿之势。然叔氏之学说，果与现代之文明不相并立欤？即令如是，而此外叔氏所贡献于教育学者，竟不足以成一家之说欤？抑真理之战胜必待于后世，而旷世之天才不容于同时，如叔本华自己之所说欤？至十九世纪之末，腓力特·尼采始公一著述，曰《教育家之叔本华》。然尼采之学说，为世人所诟病，亦无以异于昔日之叔本华，故其说于普通之学界中，亦非有伟大之势力也。尼氏此书，余未得见，不揣不敏，试由叔氏之哲学说以推绎其教育上之意见。其条目之详细，或不如海、裴诸氏，至其立脚地之坚固确实，用语之精审明晰，自有哲学以来殆未有及叔氏者也。呜呼！《充足原理》之出版已九十有一年，《意志及观念之世界》之出版八十有七年，《伦理学之二大问题》之出版亦六十有五年矣，而教育学上无奉叔氏之说者，海氏以降之逆理说，乃弥满充塞于教育界。譬之歌白尼既出，而犹奉多禄某之天文学；生达维之后，而犹言斯他尔之化学，不亦可哀也欤！夫哲学，教育学之母也。彼等之哲学，既鲜确实之基础，欲求其教育学之确实，又乌可得乎？兹略述叔氏之哲学说，与其说之及于教育学之影响，世之言教育学可以观焉。

哲学者，世界最古之学问之一，亦世界进步最迟之学问之一也。自希腊以来，至于汗德之生，二千余年，哲学上之进步几何？自汗德以降，至于今百有余年，哲学上之进步几何？其有绍述汗德之说，而正其误谬，以组织完全之哲学系统者，叔本华一人而已矣。而汗德之学说，仅破坏的而非建设的。彼憬然于形而上学之不可能，而欲以知识论易形而上学，故其说仅可谓之哲学之批评，未可谓之真正之哲学也。叔氏始由汗德之知识论出而建设形而上学，复与美学伦理学以完全之系统。然则视叔氏为汗德之后继者，宁视汗德为叔氏之前驱者为妥也。兹举叔氏哲学之特质如下。

汗德以前之哲学家，除其最少数外，就知识之本质之问题，皆奉素朴实在论，即视外物为先知识而存在，而知识由经验外物而起者也。故于知识之本质之问题上，奉实在论者，于其渊源之问题上，不得不奉经验论，其有反对此说者，亦未有言之有故、持之成理者也。汗德独谓吾人知物时，必于空间及时间中，而由因果性（汗德举此等性，其数凡十二，叔本华仅取此性）整理之。然空间、时间者，吾人感性之形式，而因果性者，吾人悟性之形式，此数者皆不待经验而存，而构成吾人之经验者也。故经验之世界，乃外物之入于吾人感性悟性之形式中者，与物之自身异。物之自身，虽可得而思之，终不可得而知之，故吾人所知者，唯现象而已。此与休蒙之说，其差只在程度，而不在性质。即休蒙以因果性等出于经验，而非有普遍性及必然性；汗德以为本于先天，而具此二性，至于对物之自身，则皆不能赞一词。故如以休蒙为怀疑论者乎，则汗德之说，虽欲不谓之怀疑论不可得也。叔本华于知识论上，奉汗德之说曰："世界者，吾人之观念也。"一切万物，皆由充足理由之原理决定之，而此原理，吾人知力之形式也。物之为吾人所知者，不得不入此形式，故吾人所知之物，决非物之自身，而但现象而已。易言以明之，吾人之观念而已。然则物之自身，吾人终不得而知之乎？叔氏曰，否。他物则吾不可知，若我之为我，则为物之自身之一部，昭昭然矣。而我之为我，其现于直观中时，则块然空间及时间中之一物，与万物无异；然其现于反观时，则吾人谓之意志而不疑也。而吾人反观时，无知力之形式行乎其间，故反观时之我，我之自身也。然则我之自身，意志也。而意志与身体，吾人实视为一物，故身体者，可谓之意志之客观化，即意志之入于知力之形式中者也。吾人观我时，得由此二方面，而观物时，只由一方面，即唯由知力之形式中观之。故物之自身，遂不得而知。然由观我之例推之，则一切物之自身，皆意志也。叔本华由此以救汗德批评论之失，而再建形而上学。于是汗德矫休蒙之失，而谓经验的世界，有超绝的观念性与经验的实在性者；至叔本华而一转，即一切事物，由叔本华氏观之，实有经验的观念性而有超绝的实在性者也。故叔本华之知识论，自一方面观之，则为观念论；自他方面观之，则又为实在论。而彼之实在论，与昔之素朴实在论异，又昭然若揭矣。

古今之言形而上学及心理学者，皆偏重于知力之方面，以为世界及人之本体，知力也。自柏拉图以降，至于近世之拉衣白尼志，皆于形而上学中持此主知论。其间虽有若圣奥额斯汀谓一切物之倾向与吾人之意志同，有若汗德于其《实理批评》中说意志之价值，然尚未得为学界之定论。海尔巴德复由主知论以述系统之心理学，而由观念及各观念之关系以说明一切意识中之状态。至叔本华出而唱主意论，彼既由吾人之自觉，而发见意志为吾人之本质，因之以推论世界万物之本质矣。至是复由经验上证明之，谓吾人苟旷观生物界与吾人精神发达之次序，则意志为精神中之第一原质，而知力为其第二原质，自不难知也。植物上逐日光，下趋土浆，此明明意志之作用，然其知识安在？下等动物之于饮食男女，好乐而恶苦也，与吾人同，此明明意志之作用，然其知识安在？即吾人之坠地也，初不见有知识之迹，然且呱呱而啼饥，瞿瞿而索母，意志之作用早行乎其间。若就知力上言之，弥月而始能视，于是始见有悟性之作用；三岁而后能言，于是始见有理性之作用。知力之发达，后于意志也。如此，就实际言之，则知识者，实生于意志之需要。一切生物，其阶级愈高，其需要愈增，而其所需要之物亦愈精而愈不易得，而其知力亦不得不应之而愈发达。故知力者，意志之奴隶也，由意志生，而还为意志用者也。植物所需者，空气与水耳，之二者无乎不在，得自来而自取之，故虽无知识可也。动物之食物，存乎植物及他动物，又各动物各有特别之嗜好，不得不由己力求之，于是悟性之作用生焉。至人类所需，则其分量愈多，其性质愈贵，其数愈杂。悟性之作用，不足应其需，始生理性之作用，于是知力与意志二者始相区别。至天才出，而知力遂不复为意志之奴隶，而为独立之作用。然人之知力之所由发达，由于需要之增，与他动物固无以异也，则主知说之心理学不足以持其说，不待论也。心理学然，形而上学亦然。而叔氏之他学说，虽不慊于今人，然于形而上学心理学，渐有趋于主意论之势，此则叔氏之大有造于斯二学者也。

于是叔氏更由形而上学进而说美学。夫吾人之本质，既为意志矣，而意志之所以为意志，有一大特质焉，曰生活之欲。何则？生活者非他，不过自吾人之知识中所观之意志也。吾人之本质，既为生活之欲矣，故保存生活之事，为人生之唯一大事业。且百年者，寿之大齐，过此以往，吾人所不能暨也。于是向之图个人之生活者，更进而图种姓之生活，一切事业，皆起于此。吾人之意志，志此而已；吾人之知识，知此而已。既志此矣，既知此矣，于是满足与空乏、希望与恐怖，数者如环无端，而不知其所终。目之所观，耳之所闻，手足所触，心之所思，无往而不与吾人之利害相关，终身仆仆而不知所税驾者，天下皆是也。然则，此利害之念，竟无时或息欤？吾人于此桎梏之世界中，竟不获一时救济欤？曰：有。唯美之为物，不与吾人之利害相关系，而吾人观美时，亦不知有一己之利害。何则？美之对象，非特别之物，而此物之种类之形式，又观之之我，非特别之我，而纯粹无欲之我也。夫空间时间，既为吾人直观之形式，物之现于空间皆并立，现于时间者皆相续，故现于空间时间者，皆特别之物也。既视为特别之物矣，则此物与我利害之关系，欲其不生于心，不可得也。若不视此物为与我有利害之关系，而但观其物，则此物已非特别之物，而代表其物之全种，叔氏谓之曰“实念”。故美之知识，实念之知识也，而美之中，又有优美与壮美之别。今有一物，令人忘利害之关系，而玩之而不厌者，谓之曰优美之感情；若其物直接不利于吾人之意志，而意志为之破裂，唯由知识冥想其理念者，谓之曰壮美之感情。然此二者之感吾人也，因人而不同。其知力弥高，其感之也弥深。独天才者，由其知力之伟大，而全离意志之关系。故其观物也，视他人为深；而其创作之也，与自然为一。故美者，实可谓天才之特许物也。若夫终身局于利害之桎梏中，而不知美之为何物者，则滔滔皆是。且美之对吾人也，仅一时之救济，而非永远之救济。此其伦理学上之拒绝意志之说，所以不得已也。

吾人于此，可进而窥叔氏之伦理学。从叔氏之形而上学，则人类于万物同一意志之发现也，其所以视吾人为一个人，而与他人物相区别者，实由知力之蔽。夫吾人之知力，既以空间时间为其形式矣，故凡现于知力中者，不得不复杂。既复杂矣，不得不分彼我。然就实际言之，实同一意志之客观化也。易言以明之，即意志之入于观念中者，而非意志之本质也。意志之本质，一而已矣。故空间时间二者，用婆罗门及佛教之语言之，则曰“摩耶之网”；用中世哲学之语言之，则曰“个物化之原理”也。自此原理，而人之视他人及物也，常若与我无毫发之关系。苟可以主张我生活之欲者，则虽牺牲他人之生活之欲以达之而不之恤，斯之谓“过”。其甚者，无此利己之目的，而惟以他人之苦痛为自己之快乐，斯为之“恶”。若一旦超越此个物化之原理，而认人与己皆此同一之意志，知己所弗欲者，人亦弗欲之，各主张其生活之欲而不相侵害，于是有正义之德。更进而以他人之快乐，为己之快乐，他人之苦痛，为己之苦痛，于是有博爱之德。于正义之德中，己之生活之欲已加以限制；至博爱，则其限制又加甚焉。故善恶之别，全视拒绝生活之欲之程度以为断。其但主张自己之生活之欲，而拒绝他人之生活之欲者，是为“过”与“恶”；主张自己，亦不拒绝他人者，谓之“正义”；稍拒绝自己之欲，以主张他人者，谓之“博爱”。然世界之根本，以存于生活之欲之故，故以苦痛与罪恶充之。而在主张生活之欲以上者，无往而非罪恶。故最高之善，存于灭绝自己生活之欲，且使一切生物皆灭绝此欲，而同入于涅槃之境，此叔氏伦理学上最高之理想也。此绝对的博爱主义与克己主义，虽若有严肃论之观，然其说之根柢，存于意志之同一之说,由是而以永远之正义,说明为恶之苦与为善之乐。故其说,自他方面言之,亦可谓立于快乐论及利己主义之上者也。

叔氏于其伦理学之他方面,更调和昔之自由意志论及定业论,谓意志自身绝对的自由也。此自由之意志,苟一旦有所决而发见于人生及其动作也,则必为外物所决定,而毫末不能自由。即吾人有所与之品性,对所与之动机,必有所与之动作随之。若吾人对所与之动机而欲不为之动乎?抑动矣,而欲自异于所与之动作乎?是犹却走而恶影,击鼓而欲其作金声也,必不可得之数也。盖动机律之决定吾人之动作也,与因果律之决定物理界之现象无异,此普遍之法则也,必然之秩序也。故同一之品性,对同一之动机,必不能不为同一之动作。故吾人之动作,不过品性与动机二者感应之结果而已。更自他方面观之,则同一之品性,对种种之动机,其动作虽殊,仍不能稍变其同一之方向,故德性之不可以言语教也与美术同。苟伦理学而可以养成有德之人物,然则大诗人及大美术家,亦可以美学养成之欤?有人于此而有贪戾之品性乎?其为匹夫,则御人于国门之外可也;浸假而为君主,则掷千万人之膏血以征服宇宙可也;浸假而受宗教之感化,则摩顶放踵、弃其生命国土以求死后之快乐可也。此数者,其动作不同,而其品性则绝不稍异,此岂独他人不能变更之哉!即彼自己,亦有时痛心疾首而无可如何者也。故自由之意志,苟一度自决而现于人生之品性以上,则其动作之必然,无可讳也。仁之不能化而为暴,暴之不能化而为仁,与鼓之不能作金声,钟之不能作石声无以异。然则吾人之品性遂不能变化乎?叔氏曰,否。吾人之意志，苟欲此生活而现于品性以上，则其动作有绝对的必然性；然意志之欲此与否，或不欲此而欲彼，则有绝对的自由性者也。吾人苟有此品性，则其种种之动作，必与其品性相应，然此气质非他，吾人之所欲而自决定之者也。然欲之与否，则存于吾人之自由，于是吾人有变化品性之义务。虽变化品性者，古今曾无几人，然品性之所以能变化，即意志自由之征也。然此变化，仅限于超绝的品性，而不及于经验的品性。由此观之，叔氏于伦理学上持经验的定业论与超绝的自由论，与其于知识论上持经验的观念论与超绝的实在论无异，此亦自汗德之伦理学出，而又加以系统的说明者也。由是叔氏之批评善恶也，亦带形式论之性质，即谓品性苟善，则其动作之结果如何，不必问也。若有不善之品性，则其动作之结果，虽或有益无害，然于伦理学上，实非有丝毫之价值者也。

至叔氏哲学全体之特质，亦有可言者。其最重要者，叔氏之出发点在直观（即知觉），而不在概念是也。盖自中世以降之哲学，往往从最普遍之概念立论，不知概念之为物，本由种种之直观抽象而得者。故其内容，不能有直观以外之物，而直观既为概念，以后亦稍变其形，而不能如直观自身之完全明晰。一切谬妄，皆生于此。而概念之愈普遍者，其离直观愈远，其生谬妄愈易。故吾人欲深知一概念，必实现之于直观，而以直观代表之而后可。若直观之知识，乃最确实之知识，而概念者仅为知识之记忆传达之用，不能由此而得新知识。真正之新知识，必不可不由直观之知识，即经验之知识中得之。然古今之哲学家往往由概念立论，汗德且不免此，况他人乎？特如希哀林、海额尔之徒，专以概念为哲学上唯一之材料，而不复求之于直观，故其所说非不庄严宏丽，然如蜃楼海市，非吾人所可驻足者也。叔氏谓彼等之哲学曰“言语之游戏”，宁为过欤？叔氏之哲学则不然，其形而上学之系统，实本于一生之直观所得者，其言语之明晰与材料之丰富，皆存于此。且彼之美学、伦理学中，亦重直观的知识，而谓于此二学中，概念的知识无效也。故其言曰：“哲学者，存于概念而非出于概念，即以其研究之成绩，载之于言语（概念之记号）中，而非由概念出发者也。”叔氏之哲学所以凌轹古今者，其渊源实存于此。彼以天才之眼，观宇宙人生之事实，而于婆罗门佛教之经典及柏拉图、汗德之哲学中，发见其观察之不谬，而乐于称道之。然其所以构成彼之伟大之哲学系统者，非此等经典及哲学，而人人耳中目中之宇宙人生即是也。易言以明之，此等经典哲学，乃彼之宇宙观及人生观之注脚，而其宇宙观及人生观，非由此等经典哲学出者也。

更有可注意者，叔氏一生之生活是也。彼生于富豪之家，虽中更衰落，尚得维持其索居之生活。彼送其一生于哲学之考察，虽一为大学讲师，然未几即罢。又非以著述为生活者也，故其著书之数，于近世哲学家中为最少，然书之价值之贵重，有如彼者乎？彼等日日为讲义，日日作杂志之论文（殊如希哀林、海额尔等），其为哲学上真正之考察之时殆希也。独叔氏送其一生于宇宙人生上之考察，与审美上之瞑想，其妨此考察者，独彼之强烈之意志之苦痛耳。而此意志上之苦痛，又还为哲学上之材料，故彼之学说与行为，虽往往自相矛盾，然其所谓“为哲学而生，而非以哲学为生”者，则诚夫子之自道也。

至是，吾人可知叔氏之在哲学上之位置。其在古代，则有希腊之柏拉图；在近世，则有德意志之汗德。此二人，固叔氏平生所最服膺，而亦以之自命者也。然柏氏之学说中，其所说之真理，往往被以神话之面具；汗德之知识论，固为旷古之绝识，然如上文所述，乃破坏的而非建设的，故仅如陈胜、吴广，帝王之驱除而已。更观叔氏以降之哲学，如翻希奈尔、芬德、赫尔德曼等，无不受叔氏学说之影响。特如尼采，由叔氏之学说出，浸假而趋于叔氏之反对点，然其超人之理想，其所负于叔氏之天才论者亦不少。其影响如彼，其学说如此，则叔氏与海尔巴脱等之学说，孰真孰妄，孰优孰绌，固不俟知者而决也。

吾人既略述叔本华之哲学，更进而观其及于教育学说。彼之哲学如上文所述，既以直观为唯一之根据矣，故其教育学之议论，亦皆以直观为本。今将其重要之学说，述之如左：

叔氏谓直观者，乃一切真理之根本，唯直接间接与此相联络者，斯得为真理。而去直观愈近者，其理愈真，若有概念杂乎其间，则欲其不罹于虚妄，难矣。如吾人持此论以观数学，则欧几里得之方法，二千年间所风行者，欲不谓之乖谬，不可得也。夫一切名学上之证明，吾人往往反而求其源于直观。若数学固不外空间时间之直观，而此直观非后天的直观，而先天的直观也。易言以明之，非经验的直观，而纯粹的直观也。即数学之根据，存于直观，而不俟证明又不能证明者也。今若于数学中舍其固有之直观，而代以名学上之证明，与人自断其足而俟辇而行者何异？于彼《充足之理由之原理》之论文中，述知识之根据（谓名学上之根据），与实在之根据（谓数学上之根据）之差异。数学之根据惟存于实在之根据，而知识之根据则与之全不相涉。何则？知识之根据，但能说物之如此如彼，而不能说何以如此如彼，而欧几里得则全用从此根据以说数学。今以例证之。当其说三角形也，固宜首说各角与各边之互相关系，且其互相关系也，正如理由与结论之关系，而合于充足理由之原理之形式。而此形式之在空间中，与在他方面无异，常有必然之性质，即一物所以如此，实由他物之异于此物者如此故也。欧氏则不用此方法以说明三角形之性质，仅与一切命题以名学上之根据，而由矛盾之原理，以委曲证明之。故吾人不能得空间之关系之完全之知识，而仅得其结论。如观鱼龙之戏，但示吾人以器械之种种作用，而其内部之联络及构造，则终未之示也。吾人由矛盾之原理，不得不认欧氏之所证明者为真实，然其何以真实，则吾人不能知之，故虽读欧氏之全书，不能真知空间之法则，而但记法则之某结论耳。此种非科学的知识，与医生之但知某病与其治疗之法，而不知二者之关系无异。然于某学问中舍其固有之证明，而求之于他，其结果自不得不如是也。

叔氏又进而求其用此方法之原因。盖自希腊之哀利梯克派首立所观及所思之差别及其冲突，美额利克派、诡辩派、新阿克特美派及怀疑派等继之。夫吾人之知识中，其受外界之感动者，五官；而变五官所受之材料为直观者，悟性也。吾人由理性之作用，而知五官及悟性固有时而欺吾人，如夜中视朽索而以为蛇，水中置一棒而折为二，所谓幻影者是也。彼等但注意于此，以经验的直观为不足恃，而以为真理唯存于理性之思索，即名学上之思索。此唯理论，与前之经验论相反对。欧几里得于是由此论之立脚地，以组织其数学，彼不得已而于直观上发见其公理，但一切定理，皆由此推演之，而不复求之于直观。然彼之方法之所以风行后世者，由纯粹的直观与经验的直观之区别未明于世。故迨汗德之说出，欧洲国民之思想与行动，皆为之一变，则数学之不能不变，亦自然之势也。盖从汗德之说，则空间与时间之直观，全与一切经验的直观异。此能离感觉而独立，又限制感觉而不为感觉所限制者也。易言以明之，即先天的直观也，故不陷于五官之幻影。吾人由此始知欧氏之数学用名学之方法，全无谓之小心也，是犹夜行之人，视大道为水，趦趄于其旁之草棘中，而惧其失足也。始知几何学之图中，吾人所视为必然者，非存于纸上之图，又非存于抽象的概念，而唯存于吾人先天所知之一切知识之形式也。此乃充足理由之原理所辖者，而此实在之根据之原理，其明晰与确实，与知识之根据之原理无异。故吾人不必离数学固有之范围，而独信任名学之方法。如吾人立于数学固有之范围内，不但能得数学上当然之知识，并能得其所以然之知识，其贤于名学上之方法远矣。欧氏之方法，则全分当然之知识与所以然之知识为二，但使吾人知其前者而不知其后者，此其蔽也。吾人于物理学中，必当然之知识与所以然之知识为一，而后得完全之知识，故但知讬利珊利管中之水银其高三十英寸，而不知由空气之重量支持之，尚不足为合理的知识也。然则吾人于数学中，独能以但知其当然而不知其所以然为满足乎？如毕达哥拉斯之命题，但示吾人以直角三角形之有如是之性质，而欧氏之证明法，使吾人不能求其所以然。然一简易之图，使吾人一望而知其必然及其所以然。且其性质所以如此者，明明存于其一角为直角之故。岂独此命题为然，一切几何学上之真理，皆能由直观中证之。何则？此等真理，原由直观中发见之者，而名学上之证明不过以后之附加物耳。叔氏几何学上之见地如此，厥后哥萨克氏由叔氏之说以教授几何学，然其书亦见弃于世，而世之授几何学者，仍用欧氏之方法。积重之难返，固若是哉！

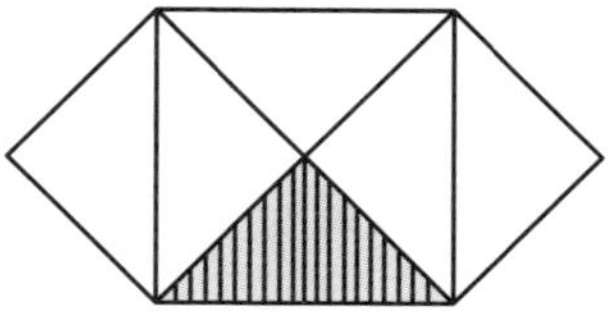

叔氏于数学上重直观而不重理性也如此，然叔氏于教育之全体，无所往而不重直观，故其教育上之意见，重经验而不重书籍。彼谓概念者，其材料自直观出，故吾人思索之世界，全立于直观之世界上者也。从概念之广狭，而其离直观也有远近，然一切概念，无一不有直观为之根柢。此等直观与一切思索以其内容，若吾人之思索，而无直观为之内容乎，则直空言耳，非概念也。故吾人之知力，如一银行然，必备若干之金币以应钞票之取求，而直观如金钱，概念如钞票也。故直观可名为第一观念，而概念可名为第二观念，而书籍之为物，但供给第二种之观念。苟不直观一物，而但知其概念，不过得大概之知识，若欲深知一物及其关系，必直观之而后可，决非言语之所能为力也。以言语解言语，以概念比较概念，极其能事，不过达一结论而已。但结论之所得者，非新知识，不过以吾人之知识中所固有者，应用之于特别之物耳。若观各物与其间之新关系，而贮之于概念中，则能得种种之新知识。故以概念比较概念，则人人之所能；至能以概念比较直观者，则希矣。真正之知识，唯存于直观，即思索（比较概念之作用）时，亦不得不藉想像之助。故抽象之思索，而无直观为之根柢者，如空中楼阁，终非实在之物也。即文字与语言，其究竟之宗旨，在使读者反于作者所得之具体的知识，苟无此宗旨，则其著述不足贵也。故观察实物与诵读，其间之差别不可以道里计。一切真理唯存于具体的物中，与黄金之唯存于矿石中无异，其难只在搜寻之。书籍则不然，吾人即于此得真理，亦不过其小影耳，况又不能得哉。故书籍之不能代经验，犹博学之不能代天才，其根本存于抽象的知识不能取具体的知识而代之也。书籍上之知识，抽象的知识也，死也；经验的知识，具体的知识也，则常有生气。人苟乏经验之知识，则虽富书籍上之知识，犹一银行而出十倍其金钱之钞票，亦终必倒闭而已矣。且人苟过用其诵读之能力，则直观之能力必因之而衰弱，而自然之光明反为书籍之光所掩蔽；且注入他人之思想，必压倒自己之思想，久之，他人之思想遂寄生于自己之精神中，而不能自思一物，故不断之诵读，其有害于精神也必矣。况精神之为物非奴隶，必其所欲为者乃能有成。若强以所不欲学之事，或已疲而犹用之，则损人之脑髓，与在月光中读书其有损于人之眼无异也。而此病殊以少时为甚，故学者之通病，往往在自七岁至十二岁间习希腊、拉丁之文法，彼等蠢愚之根本实存于此，吾人之所深信而不疑也。夫吾人之所食，非尽变为吾人之血肉，其变为血肉者，必其所能消化者也。苟所食而过于其所能消化之分量，则岂徒无益，而反以害之，吾人之读书，岂有以异于此乎？额拉吉来图曰："博学非知识。"此之谓也，故学问之为物如重甲胄然，勇者得之，固益有不可御之势，而施之于弱者，则亦倒于地而已矣。叔氏于知育上之重直观也如此，与卢骚、贝斯德、禄奇之说如何相近，自不难知也。

而美术之知识全为直观之知识，而无概念杂乎其间，故叔氏之视美术也，尤重于科学。盖科学之源，虽存于直观，而既成一科学以后，则必有整然之系统。必就天下之物分其不相类者，而合其相类者，以排列之于一概念之下，而此概念复与相类之他概念排列于更广之他概念之下。故科学上之所表者，概念而已矣，美术上之所表者，则非概念，又非个象，而以个象代表其物之一种之全体，即上所谓实念者是也，故在在得直观之。如建筑、雕刻、图书、音乐等，皆呈于吾人之耳目者，唯诗歌（并戏剧、小说言之）一道，虽藉概念之助以唤起吾人之直观，然其价值全存于其能直观与否。诗之所以多用比兴者，其源全由于此也。

由是，叔氏于教育上甚蔑视历史，谓历史之对象，非概念，非实念，而但个象也。诗歌之所写者，人生之实念，故吾人于诗歌中，可得人生完全之知识。故诗歌之所写者，人及其动作而已；而历史之所述，非此人即彼人，非此动作即彼动作，其数虽巧历不能计也。然此等事实，不过同一生活之欲之发现，故吾人欲知人生之为何物，则读诗歌贤于历史远矣。然叔氏虽轻视历史，亦视历史有一种之价值。盖国民之有历史，犹个人之有理性，个人有理性，而能有过去未来之知识，故与动物之但知现在者异。国民有历史，而有自己之过去之知识，故与蛮民之但知及身之事实者异。故历史者，可视为人类之合理的意识，而其于人类也，如理性之于个人，而人类由之以成一全体者也。历史之价值唯存于此，此叔氏就历史上之意见也。

叔氏之重直观的知识，不独于知育、美育上然也，于德育上亦然。彼谓道德之理论，对吾人之动作无丝毫之效。何则？以其不能为吾人之动作之机括故也。苟道德之理论，而得为吾人动作之机括乎，必动其利己之心而后可。然动作之由利己之心发者，于道德上无丝毫之价值者也。故真正之德性，不能由道德之理论，即抽象之知识出，而唯出于人己一体之直观的知识。故德性之为物，不能以言语传者也。基开禄所谓德性非可教者，此之谓也。何则？抽象的教训，对吾人之德性，即品性之善，无甚势力。苟吾人之品性而善欤，则虚伪之教训不能沮害之，真实之教训亦不能助之也。教训之势力，只及于表面之动作，风俗与模范亦然，但品性自身不能由此道变更之。一切抽象的知识，但与吾人以动机，而动机但能变吾人意志之方向，而不能变意志之本质。易言以明之，彼但变其所用之手段，而不变所志之目的。今以例证之，苟人欲于未来受十倍之报酬而施大惠于贫民，与望将来之大利而购不售之股票者,自道德上之价值考之,二者固无以异也。故彼之为正教之故而处异端以火刑者,与杀越人于货者何所择?盖一求天国之乐,一求现在之乐,其根柢皆归于利己主义故也。所谓德性不可教者,此之谓也。故真正之善,必不自抽象的知识出,而但出于直观的知识。唯超越个物化之原理,而视己与人皆同一之意志之发现,而不容厚此而薄彼,此知识不得由思索而失之,亦不能由思索得之。且此知识以非抽象的知识,故不能得于他人,而唯由自己之直观得之。故其完全之发现,不由言语而唯由动作。正义、博爱、解脱之诸德,皆由此起也。

然则美术、德性,均不可教,则教育之事废欤?曰,否。教育者,非徒以书籍教之之谓,即非徒与以抽象的知识之谓,苟时时与以直观之机会,使之于美术、人生上得完全之知识,此亦属于教育之范围者也。自然科学之教授,观察与实验往往与科学之理论相并而行,人未有但以科学之理论为教授,而以观察实验为非教授者,何独于美育及德育而疑之?然则叔氏之所谓德性不可教者,非真不可教也,但不可以抽象的知识导之使为善耳。现今伯林大学之教授巴尔善氏于其所著《伦理学系统》中,首驳叔氏德性不可教之说,然其所说全从利己主义上计算者,此正叔氏之所谓谨慎,而于道德上无丝毫之价值者也。其所以为此说,岂不以如叔氏之说,则伦理学为无效,而教育之事将全废哉?不知由教育之广义言之,则导人于直观而使之得道德之真知识,固亦教育上之事。然则此说之对教育有危险与否,固不待知者而决也。由此观之,则叔氏之教育主义全与其哲学上之方法同,无往而非直观主义也。

1904年《教育世界》75、77号

书叔本华《遗传说》后

叔本华之《遗传说》，由其哲学演绎而出，又从历史及经验上归纳而证之，然其说非其哲学固有之结论也。何则？据叔氏之哲学，则意志者，吾人之根荄，而知力其属附物也；意志其本性，而知力其偶性也。易言以明之，意志居乎形体之先而限制形体，知力居乎形体之后而为形体所限制。自意志欲调和形体之与外界之关系，于是所谓脑髓者以生，而吾人始有知力之作用，故脑髓之为欲知之意志所发现，与吾人之形体之为欲生之意志所发现无异。其《意志及观念之世界》及《自然中之意志》两书中所证明，固已南山可移、此案不可动矣。然则吾人之意志，既自父遗传矣，则所谓欲知之意志，又何为而不得自父得之乎？吾人之欲知之意志，与此知力之程度，既得之母矣，则他种之意志，何为而不得自母遗传乎？彼以意志属之父，以知力属之母，若建筑上之配置，然举彼平昔所以力诋汗德者，躬蹈之而不自知，故形式之弊，一般德国学者之所不能免也。要之，吾人之形体由父母二人遗传，此人之公认之事实，不可拒也，则为形体之根荄之意志，与为形体一部之作用之知力，皆得自两亲而不能有所分属。叔氏哲学之正当之结论，固宜如此也。

至其《遗传说》之证据，则存于经验及历史，然经验之为物，固非有普遍及必然之确实性者也。天下大矣，人类众矣，其为吾人所经验者，不过亿兆中之一耳。即吾人经验之中，其熟知其父母及其人之性质知力者，又不过数十人中之一耳。历史亦然。自有史以来，人之姓氏之纪于历史上者几何人？又历史上之人物，其性质知力及其父母子弟之性质知力，为吾人所知者几何人？即其人之性质知力与其父母子弟之性质知力，为吾人所知矣，然历史上之事实果传信否？又吾人之判断果不错误否？皆不可不注意也。以区区不遍不赅、不精不详之事实，而遽断定众人公共之原理，吾知其难也，且历史之事之背于此者，亦复不少。吾人愧乏西洋历史之知识，姑就吾国历史上其事实之与叔氏之说相反对者，述之如左：

叔氏所谓母之好尚及情欲，决不能传之于子者，吾人所不能信也。乐正后夔，决非贪欲之人也，以娶有仍氏之故，生封豕之伯封，而夔以不祀。周昭王承成康之后，未有失德，而其后房后实有爽德，协于丹朱，卒生穆王，肆其心以游天下，而周室以衰。至父子兄弟性质之相反者，历史上更不胜枚举。黄帝之子二十五宗，唯青阳与苍林氏同于黄帝。颛顼氏有才子八人，而又有梼杌。瞽瞍前妻之子为舜，而后妻则生傲象。尧有丹朱，舜有商均。帝乙之贤否，无闻于后世，而微子与纣以异母之故，仁暴之相去乃若天壤。鲁之隐、桓同出于惠公，以异母之故，而一让一弑。晋献荒淫无道，贼弑公族，而有太子申生之仁。夷吾忮刻，乃肖厥父。晋之羊舌氏，三世济美，伯华、叔向，一母所生，并有令德，而叔虎以异母之故，嬖于栾盈，而卒以杀其身。至叔向之子食我，而亡羊舌氏，其母则又夏姬之所出也。秦之始皇，至暴抗也，而有太子扶苏之仁孝。汉之文帝，恭俭仁恕，而景帝惨纥颇似窦后。景帝之子十四人，大抵荒淫残酷，无有人理；而栗姬二子临江王荣以无罪死，为父老所思。河间献王德被服道术，造次必于儒者，非同父异母之事实，其奚以解释之乎？至圣母之子之有名德者，史册上尤不可胜举。曾文正公之太夫人江氏，实有刚毅之性质，文正自谓"我兄弟皆禀母气"，此事犹在人耳目者也。故在吾国，"非此母不生此子"（大概指性质而言，非谓知力也）之谚，与西洋"母之知慧"之谚，殆有同一之普遍性。故叔氏之说不能谓之不背于事实也。

至其谓父之知力不能遗传于子者，此尤与事实大反对者也。兹就文学家言之。以司马迁、班固之史才，而有司马谈、班彪为之父；以枚乘之能文，而有枚皋为之子。且班氏一家，男则有班伯、班叔等，女则前有倢伃，后有曹大家，此决非偶然之事也。以王逸之辞赋，而有子延寿，其《鲁灵光殿赋》且驾班、张而上之。以蔡邕之逸才，而有女文姬，而曹大家及文姬之子反不闻于后世，则又何也？魏武雄才大略，诗文雄杰亦称其人，文帝、陈思，固不愧乃父矣。而幼子邓哀王仓舒，以八龄之弱，而发明物理学上比重之理（《魏志·邓哀王传》注）。至高贵乡公髦，犹有先祖之余烈，其幸太学之问，使博士不能置对（《魏志》），又善绘事，所绘《卞庄刺虎图》，为宋代宣和内府书画之冠（《铁围山丛谈》)，又孰谓知力之不能自祖父遗传乎？至帝王家文学之足与曹氏媲美者，厥惟萧氏。梁武帝特妙于文学，虽不如魏武，固亦六代之俊也。昭明继起，可拟五官。至简文帝、元帝，而诗文之富，度越父兄矣。邵陵王纶、武陵王纪，亦工书记，独豫章王综，自疑为齐东昏之子，宫甲未动，遽然北窜，然其《钟鸣》《落叶》之曲，读者未始不可见乃父之遗风焉。此后南唐李氏父子，亦颇近之。至于杨雄之子，九年而与玄文；孔融之儿，七岁而知家祸，融固所谓“小时了了”者也。隋之河汾王氏，宋之眉山苏氏，亦皆父子兄弟回翔文苑。苏过《斜川集》之作，虽不若而翁，固不愧名父之子也。至一家父子之以文学名者，历史上尤不可胜举，则知力之自父遗传，固自不可拒也。

兹更就美术家言之。书家则晋有王氏之羲、献，以至于智永。唐则自太宗经高宗、睿宗，以至玄宗，及欧阳氏父子，皆人人所知者也。画家则唐尉迟乙僧画佛之妙，冠绝古今，而有父跋质那，有兄甲僧，并善此技(《唐朝名画录》)。与尉迟齐名者，唯阎立本，而其父毗，在隋以丹青得名，兄立德亦承家学，故曰“大安、博陵，难兄难弟”，谓立德、立本也(《唐画录》)。李思训，世所谓北派之祖也，其子昭道变父之势，妙又过之，故时号曰大李将军、小李将军(《画鉴》)。宋徽宗天纵游艺，论者谓其画兼有顾、陆、曹、吴、荆、关、李、范之长，高宗亦善绘事，同时米家父子，亦接踵画苑，极君臣之遇合矣。赵文敏书画独步元初，而有兄孟坚、子雍奕，又其甥王蒙，且与黄公望、倪瓒、吴镇并称元四大画家。夫文敏之有子，固得以管夫人为之母解之，然上所述之诸家，则将何所藉口耶？至明以后，以书画世其家者尤不胜数。明之长洲文氏，国朝之娄东二王氏、武进恽氏，近者二三世，远者五六世，而流风未沫。此种事实，叔氏其何以解之？夫文学家与美术家，固天才之所为，非纯粹知力之作用耶？而父子兄弟祖孙相继如此，则知力不传自父之说，其不可持，固不待论也。

要之，叔氏此说非由其哲学演绎而出，亦非由历史上归纳而得之者也，此说之根据，存于其家乘上之事实。叔氏之父素有脑疾，晚年以堕楼死，彼之郁忧厌世之性质，自其父得之者也，其母叔本华·约翰，则有名之小说家，而大诗人格代之友也。彼自信其知力得自母，而性质得自父；彼深爱其父，而颇不快于其母。幼时父令其习商业，素所不喜也，迨父死后，尚居其职二年，以示不死其父之意。后因处理财产之事，与母相怨，又自愤其哲学之不得势力，而名反出其母下也，每恶人谓己曰“彼叔本华·约翰之子也”。彼生平以恶妇人之故，甚蔑视妇人，谓女子除服从外无他德，遂以形而上学上本质之意志属诸男子，偶性之知力属诸女子。故曰：其遗传说实由其自己之经验与性质出，非由其哲学演绎，亦非由历史上归纳而得之者也。

且叔氏之说之不足持，不特与历史上之事实相反对而已。今夫父母之于子，其爱之有甚于其身者，则以其为未来之我，而与我有意志之关系也。若仅以知力之关系论，则夫师弟朋友之间，其知识之关系且胜于父子，奚论母子？故仅有知识之关系者，其间爱情不得而存也。而母之爱子也，不减于父或且过之者，则岂不以母子间非徒有知力之关系，且有意志之关系哉？故母之于子，无形体之关系则已，苟有形体之关系，则欲其意志之不遗传，不可得也。（由叔氏之说，意志与形体为一物，而从知力之形式中所观之意志也。）父之于子也亦然，苟无形体之关系则已，苟有形体之关系则形体之一部分之脑，与其作用之知力，又何故不得传诸其子乎？至意志得受诸父，与知力得受诸母，此说则余固无间然矣。

1904年《教育世界》79号

叔本华与尼采

十九世纪中，德意志之哲学界有二大伟人焉：曰叔本华（Schopenhauer），曰尼采（Nietzsche）。二人者，以旷世之文才，鼓吹其学说也同；其说之风靡一世，而毁誉各半也同；就其学说言之，则其以意志为人性之根本也同。然一则以意志之灭绝，为其伦理学上之理想，一则反是；一则由意志同一之假说，而唱绝对之博爱主义，一则唱绝对之个人主义。夫尼采之学说，本自叔本华出，曷为而其终乃反对若是？岂尼采之背师，固若是其甚欤？抑叔本华之学说中，自有以启之者欤？自吾人观之，尼采之学说全本于叔氏。其第一期之说，即美术时代之说，其全负于叔氏，固可勿论；第二期之说，亦不过发挥叔氏之直观主义；其末期之说，虽若与叔氏相反对，然要之不外以叔氏之美学上之天才论，应用于伦理学而已。兹比较二人之说，好学之君子以览观焉。

叔本华由锐利之直观与深邃之研究，而证吾人之本质为意志，而其伦理学上之理想，则又在意志之寂灭。然意志之寂灭之可能与否，一不可解之疑问也（其批评见《红楼梦评论》第四章）。尼采亦以意志为人之本质，而独疑叔氏伦理学之寂灭说，谓欲寂灭此意志者，亦一意志也。于是由叔氏之伦理学出而趋于其反对之方向，又幸而于叔氏之伦理学上所不满足者，于其美学中发见其可模仿之点，即其天才论与知力的贵族主义，实可为超人说之标本者也。要之，尼采之说，乃彻头彻尾发展其美学上之见解，而应用之于伦理学，犹赫尔德曼之无意识哲学发展其伦理学之见解者也。

叔氏谓吾人之知识，无不从充足理由之原则者，独美术之知识不然。其言曰：

> 一切科学，无不从充足理由原则之某形式者。科学之题目，但现象耳，现象之变化及关系耳。今有一物焉，超乎一切变化关系之外，而为现象之内容，无以名之，名之曰"实念"。问此实念之知识为何？曰："美术是已。"夫美术者，实以静观中所得之实念，寓诸一物焉而再现之。由其所寓之物之区别，而或谓之雕刻，或谓之绘画，或谓之诗歌、音乐，然其惟一之渊源，则存于实念之知识，而又以传播此知识为其惟一之目的也。一切科学，皆从充足理由之形式，当其得一结论之理由也，此理由又不可无他物以为之理由，他理由亦然。譬诸混混长流，永无渟潴之日；譬诸旅行者，数周地球，而曾不得见天之有涯、地之有角。美术则不然，固无往而不得其息肩之所也。彼由理由结论之长流中，拾其静观之对象而使之孤立于吾前。而此特别之对象，其

> 在科学中也，则藐然全体之一部分耳；而在美术中，则遽而代表其物之种族之全体。空间时间之形式对此而失其效，关系之法则至此而穷于用，故此时之对象，非个物而但其实念也。吾人于是得下美术之定义曰：美术者，离充足理由之原则，而观物之道也。此正与由此原则观物者相反对，后者如地平线，前者如垂直线；后者之延长虽无限，而前者得于某点割之。后者合理之方法也，惟应用于生活及科学；前者天才之方法也，惟应用于美术。后者雅里大德勒之方法，前者柏拉图之方法也。后者如终风暴雨，震撼万物，而无始终，无目的；前者如朝日漏于阴云之罅，金光直射，而不为风雨所摇。后者如瀑布之水，瞬息变易，而不舍昼夜；前者如涧畔之虹，立于鞳鞺澎湃之中，而不改其色彩。（英译《意志及观念之世界》第一百三十八页至百四十页）

夫充足理由之原则，吾人知力最普遍之形式也。而天才之观美也，乃不沾沾于此。此说虽本于希尔列尔（Schiller）之游戏冲动说，然其为叔氏美学上重要之思想，无可疑也。尼采乃推之于实践上，而以道德律之于超人，与充足理由原则之于天才一也。由叔本华之说，则充足理由之原则非徒无益于天才，其所以为天才者，正在离之而观物耳；由尼采之说，则道德律非徒无益于超人，超道德而行动，超人之特质也。由叔本华之说，最大之知识，在超绝知识之法则；由尼采之说，最大之道德，在超绝道德之法则。天才存于知之无所限制，而超人存于意之无所限制。而限制吾人之知力者，充足理由之原则；限制吾人之意志者，道德律也。

于是尼采由知之无限制说，转而唱意之无限制说。其《察拉图斯德拉》第一篇中之首章，述灵魂三变之说曰：

察拉图斯德拉说法于五色牛之村曰：吾为汝等说灵魂之三变，灵魂如何而变为骆驼，又由骆驼而变为狮，由狮而变为赤子乎？于此有重荷焉，强力之骆驼负之而趋，重之又重以至于无可增，彼固以此为荣且乐也。此重物何？此最重之物何？此非使彼卑弱而污其高严之衮冕者乎？此非使彼炫其愚而匿其知者乎？此非使彼拾知识之橡栗而冻饿以殉真理者乎？此非使彼离亲爱之慈母而与聋瞽为侣者乎？世有真理之水，使彼入水而友蛙龟者，非此乎？使彼爱敌而与狞恶之神握手者，非此乎？凡此数者，灵魂苟视其力之所能及，无不负也。如骆驼之行于沙漠，视其力之所能及，无不负也。既而风高日黯，沙飞石走，昔日柔顺之骆驼，变为猛恶之狮子，尽弃其荷，而自为沙漠主，索其敌之大龙而战之。于是昔日之主，今日之敌；昔日之神，今日之魔也。此龙何名？谓之“汝宜”。狮子何名？谓之“我欲”。邦人兄弟，汝等必为狮子，毋为骆驼。岂汝等任载之日尚短，而负担尚未重欤？汝等其破坏旧价值（道德）而创作新价值，狮子乎？言乎破坏则足矣，言乎创作则未也。然使人有创作之自由者，非彼之力欤？汝等胡不为狮子？邦人兄弟，狮子之变为赤子也何故？狮子之所不能为，而赤子能之者何？赤子若狂也，若忘也，万事之源泉也，游戏之状态也，自转之轮也，第一之运动也，神圣之自尊也。邦人兄弟，灵魂之为骆驼，骆驼之变而为狮，狮之变而为赤子，余既诏汝矣。（英译《察拉图斯德拉》二十五至二十八页）

其赤子之说，又使吾人回想叔本华之天才论曰：

天才者，不失其赤子之心者也。盖人生至七年后，知识之机关即脑之质与量已达完全之域，而生殖之机关尚未发达，故赤子能感也，能思也，能教也。其爱知识也，较成人为深；而其受知识也，亦视成人为易。一言以蔽之曰：彼之知力盛于意志而已。即彼之知力之作用，远过于意志之所需要而已。故自某方面观之，凡赤子皆天才也；又凡天才自某点观之，皆赤子也。昔海尔台尔（Herder）谓格代（Goethe）曰“巨孩”。音乐大家穆差德（Mozart）亦终生不脱孩气，休利希台额路尔谓彼曰：“彼于音乐，幼而惊其长老，然于一切他事，则壮而常有童心者也。”（英译《意志及观念之世界》第三册第六十一页至六十三页）

至尼采之说超人与众生之别，君主道德与奴隶道德之别，读者未有不惊其与叔氏伦理学上之平等博爱主义相反对者。然叔氏于其伦理学及形而上学所视为同一意志之发现者，于知识论及美学上，则分之为种种之阶级，故古今之崇拜天才者，殆未有如叔氏之甚者也。彼于其大著述第一书之补遗中，说知力上之贵族主义曰：

知力之拙者，常也；其优者，变也。天才者，神之示现也。不然？则宁有以八百兆之人民，经六千年之岁月，而所待于后人之发明思索者，尚如斯其众耶？夫大智者，固天之所吝。天之所吝，人之幸也。何则？小智于极狭之范围内，测极简之关系，此大智之瞑想宇宙人生者，其事逸而且易。昆虫之在树也，其视盈尺以内，较吾人为精密，而不能见人于五步之外。故通常之知力，仅足以维持实际之生活耳。而对实际之生活，则通常之知力固亦已胜任而愉快，若以天才处之，是犹用天文镜以观优，非徒无益，而又蔽之。故由知力上言之，人类真贵族的也，阶级的也。此知力之阶级，较贵贱贫富之阶级为尤著。其相似者，则民万而始有诸侯一，民兆而始有天子一，民京垓而始有天才一耳。故有天才者，往往不胜孤寂之感。白衣龙（Byron）于其《唐旦之预言诗》中咏之曰：

"To feel me in the solitude of kings
Without the power that make them bear a crown."

予岑寂而无友兮，羌独处乎帝之庭。冠玉冕之崔巍兮，夫固跼蹐而不能胜。（略译其大旨）

此之谓也。（同前书第二册第三百四十二页）

此知力的贵族与平民之区别外，更进而立大人与小人之区别曰：

一切俗子因其知力为意志所束缚，故但适于一身之目的。由此目的出，于是有俗滥之画、冷淡之诗、阿世媚俗之哲学。何则？彼等自己之价值，但存于其一身一家之福祉，而不存于真理故也。惟知力之最高者，其真正之价值，不存于实际而存于理论，不存于主观而存于客观，耑耑焉力索宇宙之真理而再现之。于是彼之价值，超乎个人之外，与人类自然之性质异。如彼者，果非自然的欤？宁超自然的也。而其人之所以大，亦即存乎此。故图画也，诗歌也，思索也，在彼则为目的，而在他人则为手段也。彼牺牲其一生之福祉，以殉其客观上之目的，虽欲少改焉而不能。何则？彼之真正之价值，实在此而不在彼故也。他人反是，故众人皆小，彼独大也。（同前书第三册第一百四十九页至一百五十页）

叔氏之崇拜天才也如是，由是对一切非天才而加以种种之恶谥：曰俗子（Philistine），曰庸夫（Populase），曰庶民（Mob），曰舆台（Rabble），曰合死者（Mortal）。尼采则更进而谓之曰众生（Herd），曰众庶（Far-too-many）。其所以异者，惟叔本华谓知力上之阶级惟由道德联结之，尼采则谓此阶级于知力道德皆绝对的，而不可调和者也。

叔氏以持知力的贵族主义，故于其伦理学上虽奖卑屈（Humility）之行，而于其美学上大非谦逊（Modesty）之德曰：

人之观物之浅深明暗之度不一，故诗人之阶级亦不一。当其描写所观也，人人殆自以为握灵蛇之珠、抱荆山之玉矣。何则？彼于大诗人之诗中，不见其所描写者或逾于自己。非大诗人之诗之果然也，彼之肉眼之所及，实止于此，故其观美术也，亦如其观自然，不能越此一步也。惟大诗人见他人之见解之肤浅，而此外尚多描写之余地，始知己能见人之所不能见，而言人之所不能言。故彼之著作不足以悦时人，只以自赏而已。若以谦逊为教，则将并其自赏者而亦夺之乎。然人之有功绩者，不能掩其自知之明。譬诸高八尺者暂而过市，则肩背昂然，齐于众人之首矣；千仞之山，自巅而视其麓也，与自麓而视其巅等。霍兰士（Horace）、鲁克来鸠斯（Lucletius）、屋维特（Ovid）及一切古代之诗人，其自述也，莫不有矜贵之色。唐旦（Dante）然也，狭斯丕尔（Shakespeare）然也，柏庚（Bacon）亦然也。故大人而不自见其大者，殆未之有，惟细人者自顾其一生之空无所有，而聊托于谦逊以自慰，不然则彼惟有蹈海而死耳。某英人尝言曰："功绩（Merit）与谦逊（Modest）除二字之第一字母外，别无公共之点。"格代亦云："惟一无所长者乃谦逊耳。"特如以谦逊教人责人者，则格代之言，尤不我欺也。（同前书第三册第二百零二页）

吾人且述尼采之《小人之德》一篇中之数节以比较之。其言曰：

察拉图斯德拉远游而归，至于国门，则眇焉若狗窦，匍匐而后能入。既而览乎民居，粲焉若傀儡之箱，鳞次而栉比，叹曰：夫造物者，宁将以彼为此拘拘也。吾知之矣，使彼等藐焉若此者，非所谓德性之教耶？彼等好谦逊，好节制，何则？彼等乐其平易故也。夫以平易而言，则诚无以逾乎谦逊之德者矣。彼等尝学步矣，然非能步也，踅也。彼且踅且顾，且顾且踅，彼之足与目不我欺也。彼等之小半能欲也，而其大半被欲也。其小半，本然之动作者也，其大半反是。彼等皆不随意之动作者也，与意识之动作者也，其能为自发之动作者希矣。其丈夫既藐焉若此，于是女子亦皆以男子自处。惟男子之得全其男子者，得使女子之位置复归于女子，其最不幸者，命令之君主，亦不得不从服役之奴隶之道德。“我役、汝役、彼役”，此道德之所命令者也。哀哉！乃使最高之君主，为最高之奴隶乎？哀哉！其仁愈大，其弱愈大；其义愈大，其弱愈大。此道德之根柢，可以一言蔽之曰：“毋害一人。”噫！道德乎？卑怯耳！然则彼等所视为道德者，即使彼等谦逊驯扰者也，是使狼为羊，使人为人之最驯之家畜者也。（《察拉图斯德拉》第二百四十八页至二百四十九页）

尼采之恶谦逊也亦若此，其应用叔氏美学之说于伦理学上昭然可睹。夫叔氏由其形而上学之结论，而谓一切无生物、生物，与吾人皆同一意志之发现。故其伦理学上之博爱主义，不推而放之于禽兽草木不止，然自知力上观之，不独禽兽与人异焉而已，即天才与众人间，男子与女子间，皆有斠然不可逾之界限。但其与尼采异者，一专以知力言，一推而论之于意志，然其为贵族主义则一也。又叔本华亦力攻基督教曰："今日之基督教，非基督之本意，乃复活之犹太教耳。"其所以与尼采异者，一则攻击其乐天主义，一则并其厌世主义而亦攻之，然其为无神论则一也。叔本华说涅槃，尼采则说转灭。一则欲一灭而不复生，一则以灭为生超人之手段，其说之所归虽不同，然其欲破坏旧文化而创造新文化则一也。况其超人说之于天才说，又历历有模仿之迹乎。然则吾人之视尼采，与其视为叔氏之反对者，宁视为叔氏之后继者也。

又叔本华与尼采二人之相似，非独学说而已，古今哲学家性行之相似，亦无若彼二人者。巴尔善之《伦理学系统》与文特尔朋《哲学史》中，其述二人学说与性行之关系，甚有兴味。兹援以比较之。巴尔善曰：

> 叔本华之学说，与其生活实无一调和之处。彼之学说，在脱屣世界与拒绝一切生活之意志，然其性行则不然。彼之生活，非婆罗门教、佛教之克己的，而宁伊壁鸠鲁之快乐的也。彼自离柏林后，权度一切之利害，而于法兰克福特及曼亨姆之间定其隐居之地。彼虽于学说上深美悲悯之德，然彼自己则无之，古今之攻击学问上之敌者，殆未有酷于彼者也。虽彼之酷于攻击，或得以辩护真理自解乎，然何不观其对母与妹之关系也？彼之母妹，暂焉陷于破产之境遇，而彼独保其自己之财产。彼

终其身惴惴焉，惟恐分有他人之损失及他人之苦痛。要之，彼之性行之冷酷无可讳也。然则彼之人生观，果欺人之语欤？曰，否。彼虽不实践其理想上之生活，固深知此生活之价值者也。人性之二元中，理欲二者，为反对之两极，而二者以彼之一生为其激战之地。彼自其父遗传忧郁之性质，而其视物也，恒以小为大，以常为奇，方寸之心，充以弥天之欲，忧患、劳苦、损失、疾病迭起互伏，而为其恐怖之对象，其视天下人无一可信赖者。凡此数者，有一于此，固足以疲其生活而有余矣。此彼之生活之一方面也，其在他方面，则彼大知也，天才也，富于直观之力，而饶于知识之乐，视古之思想家，有过之无不及。当此时也，彼远离希望与恐怖，而追求其纯粹之思索，此彼之生活中最慰藉之顷也。逮其情欲再现，则畴昔之平和破，而其生活复以忧患恐惧充之。彼明知其失而无如之何，故彼每曰："知意志之过失，而不能改之，此可疑而不可疑之事实也。"故彼之伦理说，实可谓其罪恶之自白也。（巴尔善《伦理学系统》第三百十一页至三百十二页）

巴氏之说固自无误，然不悟其学说中于知力之元质外，尚有意志之元质（见下文）。然其叙述叔氏知意之反对，甚为有味。吾人更述文特尔朋之论尼采者比较之曰：

彼之性质中争斗之二元质，尼采自谓之曰地哇尼苏斯（Dionysus），曰亚波罗（Apollo）。前者主意论，后者主知论也；前者叔本华之意志，后者海额尔之理念也。彼之知力的修养与审美的创造力，皆达最高之程度。彼深观历史与人生，而以诗人之手腕再现之，然其性质之根柢，充以无疆之大欲，故科学与美术不足以拯之。其志则专制之君主也，其身则大学之教授也，于是彼之理想实往复于知力之快乐与意志之势力之间。彼俄焉委其一身于审美的直观与艺术的制作，俄焉而欲展其意志，展其本能，展其情绪，举昔之所珍赏者一朝而舍之。夫由其人格之高尚纯洁观之，则耳目之欲于彼固一无价值也。彼所求之快乐，非知识的，即势力的也。彼之一生疲于二者之争斗，迨其暮年，知识、美术、道德等一切，非个人及超个人之价值不足以厌彼，彼翻然而欲于实践之生活中发展其个人之无限之势力。于是此战争之胜利者，非亚波罗而地哇尼苏斯也，非过去之传说而未来之希望也，一言以蔽之，非理性而意志也。（文特尔朋《哲学史》第六百七十九页）

由此观之，则二人之性行，何其相似之甚欤！其强于意志，相似也；其富知力，相似也；其喜自由，相似也。其所以不相似而相似，相似而又不相似者，何欤?

呜呼！天才者，天之所靳，而人之不幸也。蚩蚩之民，饥而食，渴而饮，老身长子，以遂其生活之欲，斯已耳。彼之苦痛，生活之苦痛而已；彼之快乐，生活之快乐而已。过此以往，虽有大疑大患，不足以撄其心。人之永保此蚩蚩之状态者，固其人之福祉，而天之所独厚者也。若夫天才，彼之所缺陷者与人同，而独能洞见其缺陷之处。彼与蚩蚩者俱生，而独疑其所以生。一言以蔽之，彼之生活也与人同，而其以生活为一问题也与人异；彼之生于世界也与人同，而其以世界为一问题也与人异。然使此等问题，彼自命之而自解之，则亦何不幸之有？然彼亦一人耳，志驰乎六合之外，而身扃乎七尺之内，因果之法则与空间时间之形式束缚其知力于外，无限之动机与民族之道德压迫其意志于内。而彼之知力意志，非犹夫人之知力意志也。彼知人之所不能知，而欲人之所不敢欲，然其被束缚压迫也与人同。夫天才之大小，与其知力意志之大小为比例，故苦痛之大小亦与天才之大小为比例。彼之痛苦既深，必求所以慰藉之道，而人世有限之快乐其不足慰藉彼也明矣。于是彼之慰藉，不得不反而求诸自己。其视自己也，如君王，如帝天；其视他人也，如蝼蚁，如粪土。彼故自然之子也，而常欲为其母；又自然之奴隶也，而常欲为其主。举自然所以束缚彼之知意者，毁之、裂之、焚之、弃之、草薙而兽猕之。彼非能行之也，姑妄言之而已；亦非欲言诸人也，聊以自娱而已。何则？以彼知意之如此而苦痛之如彼，其所以自慰藉之道，固不得不出于此也。

叔本华与尼采，所谓旷世之天才，非欤？二人者，知力之伟大相似，意志之强烈相似。以极强烈之意志，而辅以极伟大之知力，其高掌远蹠于精神界，固秦皇、汉武之所北面，而成吉思汗、拿破仑之所望而却走者也。九万里之地球与六千年之文化，举不足以厌其无疆之欲。其在叔本华，则幸而有汗德者为其陈胜、吴广，为其李密、窦建德，以先驱属路。于是于世界现象之方面，则穷汗德之知识论之结论，而曰“世界者，吾之观念也”；于本体之方面，则曰“世界万物，其本体皆与吾人之意志同，而吾人与世界万物，皆同一意志之发见也”。自他方面言之，世界万物之意志，皆吾之意志也。于是我所有之世界，自现象之方面而扩于本体之方面；而世界之在我，自知力之方面而扩于意志之方面。然彼犹以有今日之世界为不足，更进而求最完全之世界，故其说虽以灭绝意志为归，而于其大著第四篇之末，仍反覆“灭不终灭、寂不终寂”之说。彼之说“博爱”也，非爱世界也，爱其自己之世界而已；其说“灭绝”也，非真欲灭绝也，不满足于今日之世界而已。由彼之说，岂独如释迦所云“天上地下，惟我独尊而已哉”，必谓“天上地下，惟我独存”而后快。当是时，彼之自视若担荷大地之阿德拉斯（Atlas）也，孕育宇宙之婆罗麦（Brahma）也。彼之形而上学之需要在此，终身之慰藉在此，故古今之主张意志者，殆未有过于叔氏者也，不过于其美学之天才论中，偶露其真面目之说耳。若夫尼采，以奉实证哲学，故不满于形而上学之空想。而其势力炎炎之欲，失之于彼岸者，欲恢复之于此岸；失之于精神者，欲恢复之于物质。于是叔本华之美学，占领其第一期之思想者，至其暮年，不识不知，而为其伦理学之模范。彼效叔本华之天才而说超人，效叔本华之放弃充足理由之原则而放弃道德，高视阔步而恣其意志之游戏。宇宙之内有知意之优于彼，或足以束缚彼之知意者，彼之所不喜也。故彼二人者，其执无神论同也，其唱意志自由论同也。譬之一树，叔本华之说，其根柢之盘错于地下，而尼采之说，则其枝叶之干青云而直上者也。尼采之说，如太华三峰，高与天际，而叔本华之说，则其山麓之花冈石也。其所趋虽殊，而性质则一。彼等所以为此说者，无他，亦聊以自慰而已。

要之，叔本华之自慰藉之道，不独存于其美学，而亦存于其形而上学。彼于此学中，发见其意志之无乎不在，而不惜以其七尺之我，殉其宇宙之我，故与古代之道德尚无矛盾之处。而其个人主义之失之于枝叶者，于根柢取偿之。何则？以世界之意志，皆彼之意志故也。若推意志同一之说，而谓世界之知力皆彼之知力，则反以俗人知力上之缺点加诸天才，则非彼之光荣，而宁彼之耻辱也，非彼之慰藉，而宁彼之苦痛也。其于知力上所以持贵族主义，而与其伦理学相矛盾者以此。《列子》曰：

> 周之尹氏大治产，其下趣役者侵晨昏而弗息。有老役夫筋力竭矣，而使之弥勤，昼则呻吟而即事，夜则昏惫而熟寐。昔昔梦为国君，居人民之上，总一国之事，游燕宫观，恣意所欲，觉则复役。（《周穆王》篇）

叔氏之天才之苦痛，其役夫之昼也；美学上之贵族主义，与形而上学之意志同一论，其国君之夜也。尼采则不然。彼有叔本华之天才，而无其形而上学之信仰，昼亦一役夫，夜亦一役夫，醒亦一役夫，梦亦一役夫，于是不得不弛其负担，而图一切价值之颠覆。举叔氏梦中所以自慰者，而欲于昼日实现之，此叔本华之说所以尚不反于普通之道德，而尼采则肆其叛逆而不惮者也。此无他，彼之自慰藉之道，固不得不出于此也。世人多以尼采暮年之说与叔本华相反对者，故特举其相似之点及其所以相似而不相似者如此。

1904年《教育世界》84、85号